EEK#

Erlebnisse
–
Erfahrung(en)
–
Konsequenz(en)

EEK#

Erlebnisse

–

Erfahrung(en)

–

Konsequenz(en)

Stefan Peetz

Impressum

Copyright: Stefan Peetz
Jahr: 2021

ISBN: 978-9-403-62354-2

Lektorat/ Korrektorat:
Laureen Beiswenger, Frank Diener,
Juliane Roth
Covergestaltung: Stefan Peetz
Illustrationen: Stefan Peetz
Weitere Mitwirkende:
Ronald Scholz

Verlag: www.bookmundo.de
Gedruckt in Deutschland

Die Deutsche Nationalbibliothek verzeichnet diese Publikation in der Deutschen Nationalbibliografie.

seelebaumeln

Für Jasmin (...ich...)
und meine Kinder Noah, Jona, Charlotte und Julian - ihr habt mich zu einem besseren Menschen gemacht und ihr macht mich jeden Tag zu einer besseren Version meiner selbst.

Disclaimer:
Aus Gründen der Einheitlichkeit und Einfachheit verwende in diesem Buch die männliche Form. Selbstverständlich beziehen sich die Angaben wenn nicht explizit genannt auf Angehörige aller Geschlechter.

Kapitelübersicht

Vorwort

07. April 2021

Wir erleben gegenwärtig wieder einmal einen der seltenen Paradigmenwechsel, die das gesamte Leben der Menschen verändern – jetzt ist es der scheinbar harmlose, schleichende Eintritt in die digitale Welt. Doch der epochale Umbruch wird immer spürbarer – viele Menschen kommen mit dem globalen Wandel nicht mehr zurecht.

Sie haben Angst vor den derzeit dramatischen Veränderungen, die den Umbruch ankündigen – in Wirtschaft und Politik, in der Medizin und im gesellschaftlichen Leben, im Beruf und im Alltag.
Kein Wunder, dass in so einer schwierigen Zeit kluge Gedanken und Hinweise gefragt sind, die Orientierung geben in einer Welt, in der es drunter und drüber geht.

Eine wirklich geistreiche Fundstelle bei dieser Suche ist das Buch „EEK – Erlebnisse, Erfahrung(en), Konsequenz(en)". Darin beschreibt der Autor Stefan Peetz tiefgründig, aber zugleich auf höchst amüsante Weise, was in unserer komplizierten Zeit wichtig ist für ein gutes Leben. Sein Nachdenken über „Seelebaumeln“ und Gelassenheit, über Stille und Pausen, über Achtsamkeit und Emotionen, aber auch über Fehler und „Arschlöcher“ ist keine Besserwisserei, sondern ein klug und mit feinem Humor formuliertes Erinnern an eigenes Wissen und eigene Erfahrungen, die wir in unserem schnellen Lebenstempo oft wieder vergessen.

Insofern ist das Buch von Stefan Peetz keine altbackene Moralpredigt, sondern – oft auch mit einem Augenzwinkern – ein wohltuend geistreicher Blick in den Spiegel und ein Mutmacher. Dass die gedankliche „Tour d’horizon“ den Leser mal zu tiefen Weisheiten, mal zu neuronalen Netzen oder zum ganz profanen Lebensalltag bis hin zum quengelnden Baby führt, gibt diesem Buch einen besonderen Charme – und verführt zum neugierigen Weiterlesen, Weiterlesen, Weiterlesen. Mir ist es jedenfalls so gegangen.

„EEK – Erlebnisse, Erfahrung(en), Konsequenz(en)“ ist irgendwie ein besonderes Buch – mit einer ganz eigenen, sehr lebendigen und kreativen „Schreibe“, mit gescheiten Gedanken und manchmal mit schnell wechselnden Einfällen wie beim Eisschollen-Springen. Vor allem aber ist es ein Buch, das in unserer problematischen Welt sehr sinnvolle, ermutigende und oft überraschende Impulse für ein gutes Leben gibt.

Gert Böhm

Abkürzung („Management Summary) – für die Rastlosen unter uns

EEK - Erlebnisse – Erfahrungen – Konsequenzen

Erfahrung #1 – **Tugend Konsequenz**
Wenn es nicht funktioniert, hilft keine Flucht.
Konsequenz #1:
Konsequenz ist eine Tugend!

Erfahrung #2 – **Murphy's Law**
Wenn du denkst mehr kannst du nicht, stimmt das selten.
Konsequenz #2
Jammern aufhören und weitermachen.

Erfahrung #3 – **Liebe eines Kindes**
Die Liebe eines Kindes ist die schönste Anerkennung, die Mann kriegen kann.
Konsequenz #3
Darüber nachdenken, was der Sinn ist, für den jeden Morgen aufstehen sich lohnt.

Erfahrung #4 – **Leader**
KnowHow und State-of-the-Art Handwerkszeug helfen sowohl in der Rolle als Vater als auch als Manager
Konsequenz #4
Väter und Manager sind Menschen, beides sollten Leader sein – menschliche Leader.

Erfahrung #5 – **Sparring**
Zusammen ist das Ergebnis in der Regel besser.
Konsequenz #5
Einfach nach Sparring fragen ist ein Anfang.

Erfahrung #6 - **Gefühle**
Gefühle entstehen durch Erwartungen, durch belohntes oder ausgenutztes Vertrauen.
Konsequenz #6
Akzeptieren wir Gefühle, sie machen uns menschlich.

Erfahrung #7 - **Machen**
Fängt man an, sind viele Schwierigkeiten zu schaffen, und nicht selten entsteht durch das Machen etwas viel Besseres, als man es sich erwartet hätte.
Konsequenz #7
Einfach mal machen.

Erfahrung #8 – **Tom & Tim**
...mit der richtigen Einstellung ist auch der kleinste Job eine schöne Erfahrung, nicht nur für diejenigen, für die man ihn macht.
Konsequenz #8
Öfter mal an die Kunst Äpfel zu kaufen denken und **sich fragen, ob man Tom oder Tim sein möchte.**

Erfahrung #9 - **Sicherheit**
Durch Testen der Grenzen können Mitarbeiter und auch Kinder lernen.
Konsequenz #9
Konsequenz (und **die Sicherheit, dass man da ist, auch wenn es mal weh tut**) ist eine Tugend.

Erfahrung #10 - **Stille**
Stille ist etwas wunderbares und öfters nötig als man glaubt.
Konsequenz #10
Stille sollte wieder mehr zur Normalität werden, da sie **uns stärker macht**.

Erfahrung #11 – **Kleine Dinge**
Eine total einfache Sache kann eine große und unerwartete Wirkung entfalten.
Konsequenz #11
Niemals die Wirkung von kleinen und einfachen Dingen unterschätzen, die regelmäßig wiederholt werden.

Erfahrung #12 – **Wozu?**
Warum? Ist oft eine rückwärts gerichtete Frage. Analog anzuwenden, jedoch besser geeignet, da nach vorne gerichtet ist Wozu?.
Konsequenz #12
Nach vorne schauen und wenn möglich Wozu? fragen, um Lösungsansätze zu finden.

Erfahrung #13 – **Steine**
Eine kleine Geschichte zur richtigen Zeit kann ALLES verändern, es ist nie zu spät und kann jeden Tag beginnen.
Konsequenz #13
Hin und wieder prüfen, welche Inhalte welchen Raum im Leben einnehmen und ob die Wesentlichen, die Größten sind.

Erfahrung #14 - **Reden**
Reden ist Silber, Schweigen ist Gold, stimmt nicht immer.
Konsequenz #14
Mutig sein und so oft wie möglich darüber sprechen, was wichtig ist und wie es einem momentan geht.

Erfahrung #15 – **Mut**
Vertrauen und mutig zu sein, heißt zu einem selbst zu stehen und triggert in den meisten Fällen direkte positive Veränderungen.
Konsequenz #15
Vertrauen und mutig sein sollten normales Verhalten sein.

Erfahrung #16 – **Dr. Seuss**

Manchmal sind die Fragen kompliziert und die **Antworten simpel**.

Konsequenz #16

Problemstellungen auseinander nehmen, miteinander reden und Interessen beleuchten. Persönliches zuerst.

Erfahrung #17 – **Spiegel**

Authentisch sein und bleiben zu dürfen und sich dennoch weiterentwickeln zu können, ist ein perfektes Umfeld für großartige Erlebnisse und Ergebnisse.

Konsequenz #17

In den Spiegel schauen und sich fragen, was man sieht –fühlt es sich gut an, ist alles in Ordnung, fühlt es sich längere Zeit nicht gut an, ‚warum?' fragen und ändern was geht.

Erfahrung #18 – **Abenteuer Leben**

Was wir im Spiegel unseres Lebens sehen, ist das Ergebnis vieler kleiner und großer Entscheidungen im Abenteuer unseres Lebens.

Konsequenz #18

Ein Abenteurer des Lebens sein und darum kämpfen, möglichst zu 100% dem zu entsprechen, was wir sein wollen.

Erfahrung #19 – **Inneres draußen**
Sich zu öffnen und Wertvorstellungen miteinander zu teilen, und dabei festzustellen, dass es die gleichen sind, entfacht unglaubliche Kraft.
Konsequenz #19
Öfter mal das Innere nach draußen kehren. Sich öffnen ist nur selten ein Fehler.

Erfahrung #20 – **Disruption privat**
Die eigene vertraute Welt steht Kopf.
Konsequenz #19
Ähnlich wie bei einer Krankheit können manche Symptome erst behandelt werden, wenn wir die zugrundeliegende Ursache akzeptieren. **Haltung ändern, Maßnahmen ergreifen und mit der Umsetzung beginnen.**

ER & die Idee

09. April 2019, ca. 21:30h

...jetzt will ER auch noch ein Buch schreiben. Wann will ER das eigentlich noch machen?! Neben erfüllter Ehe, vier Kindern, zwei mitgebracht, zwei mitgemacht, Labrador-Hündin, Au-Pair, Haus-Bau-Projekt und – achja – Manager-Job in der IT.

Und gestern soll es fertig sein, geht ja schnell digital heute, Manu ist nur noch Skript, vielleicht hilft auch ein wenig KI in Person von Siri oder Alexa dabei.

Und wer ist ER eigentlich, der Leader auf dem Ship oder die All-in-one-Frauen-Kinder-Mitarbeitende-C-Level-verstehende Hausfrau-Mann-Du-bist-mit-der-Windel-dran-Allzweck-Waffe, die auch Nachtschicht macht, weil Tochter den Unterschied zwischen 3 a.m. und p.m. nicht auf die Reihe kriegt.

Und wer sagt eigentlich, dass man nicht alle Herausforderungen des privaten und beruflichen Lebens in 24h unterbekommt?!

Idee & Zeitslots

10. April 2019, 19:31

Kann er ein Buch schreiben, in dem er täglich den Zeitslot nutzt, in dem er neben seiner Tochter im ehelichen Schlafzimmer liegt?
Er im elterlichen Bett, das früher mal Erwachsenen-Spielwiese war, die Tochter im Kinderbett daneben.
Er auf den linken Arm gestützt, in der Hand das Handy zum Tippen, den rechten Arm über das Gitter gestreckt, in der Hand die Gute-Nacht-Flasche haltend, die Tochter selig daran nuckelnd – das allabendliche Bild…
Ist die Flasche leer, hängt es von der Tagesform der Kleinen ab, wie lange der Zeitslot andauert, in der das Tippen am Handy zweihändig in einer deutlich entspannteren Liegeposition erfolgen kann und auch wie oft dieser durch kurze Anweisungen wie „Schlafen jetzt" oder „Leg' Dich hin!" unterbrochen wird.

Vielleicht sollte er doch lieber einen Blog daraus machen?! Nein, ein bisschen Old-School ist irgendwie cool… Ein Buch also.

Zurück zur Frage wer ER ist.

ER bin ich und während ich das schreibe, stelle ich mir die Frage, wer das lesen will und warum, und ob ich dann ich oder lieber doch ER sein will, der ja fiktiv sein und nicht ich sein könnte.

Ich bin StP.

Ich bin Vater von vier Kindern, zwei mitgebracht, zwei mitgemacht, ich bin Ehemann, ich bin Herrchen, ich bin AuPair-Dad, ich bin Kollege, ich bin Führungskraft, ich bin Manager – ich bin Mensch.

Ich bin gerne ich und ich mag meistens was ich bin, mag meistens was ich tue und ich mag meistens was ich lebe und erlebe. Erlebnisse sammeln sich im Leben, beeinflussen durch die so gemachten Erfahrungen unser Tun und prägen was wir sind.

Dieses Buch handelt von diesen Erlebnissen, den Erfahrungen, von Gedanken und den Konsequenzen für das Handeln…

…Charlotte schläft, bis morgen.

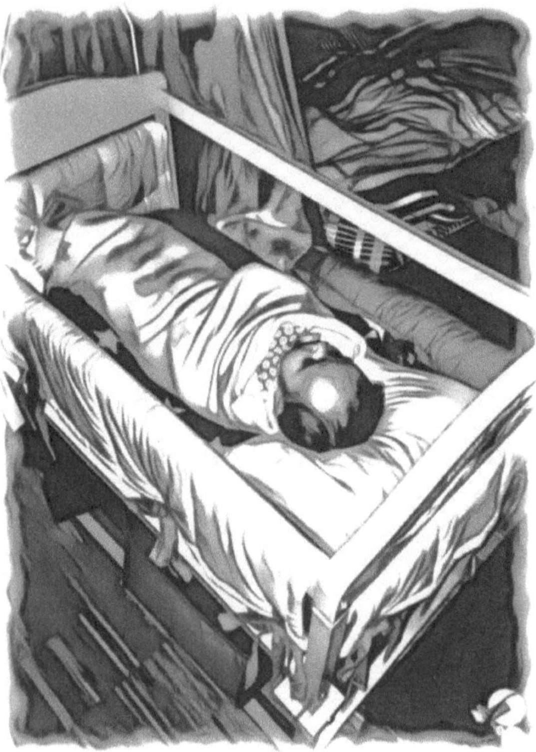

VUCA & Erlebnisse-Erfahrungen-Konsequenzen

11. April 2019

Geht das in einer VUCA-Welt überhaupt?

Erlebnisse zu Erfahrungen sammeln und konsequent im Handeln sein?
Haben wir in einer sich immer schneller verändernden Welt – das V für Volatility – überhaupt die Zeit unsere Erfahrungen machen zu können?
Ist es, wenn ja, sicher, dass diese Erfahrungen in unserer immer unsicherer – das U für Uncertainty – werdenden Welt etwas bringen?
Hilft uns die durch Erfahrung richtig gezogene Konsequenz im Handeln bei der heutzutage stetig wachsenden Komplexität – das C für Complexity?
Und wer sagt eigentlich, was richtig ist, wenn alles mehrdeutig sein kann – das A für Ambiguity? Und ab wann ist konsequent heutzutage schon nicht veränderungsbereit genug?

Heute kann ich weniger Gedanken zu Zeilen machen, denn während Charlotte gerade einschläft und ich über unsere VUCA-Welt sinniere, beantworte ich meiner Frau zig Fragen zu dem Umzugsunternehmer, mit dem ich just-in-time unsere Wohnung besichtigt habe, nachdem ich vorher kurz vor Schlusszeit Charlotte aus der Kita abgeholt und davor zwei Stunden über die Personalie der Projektleitung eines der Top-10-IT-Projekte in unserem Unternehmen verhandelt habe.

...Charlotte schläft, bis morgen.

Bis morgen

30. Mai 2019

Aus dem bis morgen ist diesmal ein bis in 1,5 Monaten geworden. War ja eh klar. Hab' ich es nicht in den ersten Zeilen dieses Buches geahnt.
Während ich den 11. April 2019 nochmal gelesen habe, um wieder „reinzukommen", denke ich mir:
Was für ein Gejammer...

Eigentlich habe ich zwei geile Jobs. Ich darf mich gut bezahlt um Menschen in einer IT-Organisation kümmern, Großprojekte managen und bei dem „geilen Scheiß" von morgen mitspielen und außerdem Vater, Ehemann, Herrchen, Liebhaber und eben Familienvater sein. Working Dad.
...im Übrigen mit einer Working Mum als Frau. Scheiß' auf die klassische Rollenverteilung.

Zwei geile Jobs...
Das war einerseits in 20 Jahren Berufstätigkeit nicht immer so und auch in über 40 Lebensjahren insgesamt nicht immer gleich geil.

Ohne jetzt gleich zu Beginn mit Plattitüden kommen zu wollen, wie „das Leben hat Höhen und Tiefen, das Leben ist ein auf und ab blabla..."

Am Ende ist es aber doch für die meisten von uns so:

Unser Leben ist wie es ist, aber vor allem ist es das, was wir daraus machen.

Wir können weder vor unserem Job im Beruf flüchten, noch vor unseren Rollen im Privatleben.

Die wenigsten von uns sind in der Lage behaupten zu können, sie bräuchten keinen Job, um für ihren Lebensunterhalt zu sorgen. Kein Mensch kann sich jeglichem zwischenmenschlichen Miteinander auf Dauer komplett entziehen, indem wir Konflikten aus dem Weg gehen.

Wir können also nicht einfach flüchten.

Was wir jedoch zweifelsohne in den meisten Fällen tun können, wir können die Situation verändern, in der wir uns befinden. Im Laufe unseres Berufslebens können wir zum Beispiel einen anderen „Job" finden, in dem wir unsere Aufgaben und Rollen oder auch unseren Arbeitgeber wechseln.

Wir können uns selbstverständlich auch im Privatleben verändern.
Wir können oft die Rahmenbedingungen verändern und selbst wenn wir das nicht können, können wir die Situation verändern, indem wir eine andere Einstellung dazu einnehmen.

Sowohl die Rahmenbedingungen zu verändern, als auch die eigene Meinung oder Einstellung, erfordert ein wenig Konsequenz.

Die Konsequenz aus den gemachten Erfahrungen für sich und sein Leben die notwendigen Veränderungen umzusetzen. Das ist sicher nicht immer einfach und ganz sicher wird man dabei nicht immer alle Erwartungen aller Mitmenschen im eigenen Umfeld erfüllen. Vielleicht ist es jedoch manchmal Wert, sich die Frage zu stellen, welche Erwartungen man selbst an sich stellt.

Ob im Job oder im Privatleben – auch in Beziehungen und Ehen – inkl. klassischer Rollenverteilung – funktionieren „Klassiker“ manchmal nicht für immer und ewig.
Die Welt verändert sich, Mitmenschen verändern sich, wir verändern uns.

Das wiederum können wir nicht ändern.

Deshalb ist es konsequent auf die für sich richtige Art und Weise damit umzugehen.

...Charlotte schläft, bis morgen. (...oder bis in 1,5 Monaten.)

EEK#1 – Tugend Konsequenz
– Erlebnis-Erfahrung-Konsequenz #1

Erlebnis #1:
Klassisch funktioniert nicht immer.

Erfahrung #1:
Wenn es nicht funktioniert, hilft keine Flucht.

Konsequenz #1:
Konsequenz ist eine Tugend!

Murphy, das Arschloch

02. Juli 2019

Diesmal waren es keine 1,5 Monate, sondern nur ein guter Monat. Am 01. Juni ist mein Vater gestorben.
Murphy, du bist ein Arschloch – und ein lausiger Gesetzgeber.

Jeder von uns kennt Murphy, den guten alten Buddy, der immer dann vorbeikommt, wenn wir ihn am wenigsten erwarten. Murphy ist ein ungebetener Gast, der sich einen Dreck darum schert, welche Regeln in unserem Haus, in unserer Familie oder in der jeweiligen Situation gelten sollten.

Murphy ist sein eigener Gesetzgeber.

Murphy's Gesetz stammt von dem US-amerikanischen Ingenieur Edward A. Murphy und lautet:

"Anything that can go
wrong will go wrong."

Diese heute oft spaßig gemeinte Aussage war zu dem Zeitpunkt, als sie entstanden ist, gar nicht so witzig gemeint.

Edward A. Murphy nahm 1949 am Raketenschlittenprogramm der US Air Force teil, bei dem Test sollte herausgefunden werden, welche Beschleunigungen der menschliche Körper aushalten kann. Anlässlich eines kostspieligen Experimentes wurden am Körper der Testperson sechzehn Messsensoren befestigt. Die Sensoren konnten auf zwei Arten befestigt werden: In der richtigen Position und in einer 90°-Abweichung von dieser. Das Experiment schlug fehl, weil jemand sämtliche Sensoren falsch angeschlossen hatte. Diese Erfahrung veranlasste Murphy, sein Gesetz zu formulieren. Die Urfassung lautete:

"If there's more than one possible outcome of a job or task, and one of those outcomes will result in disaster or an undesirable consequence, then somebody will do it that way."
(Wikipedia, 2021)

Seither haben sich viele Wissenschaftler mit Murphys Gesetz auseinandergesetzt. Es wird in der modernen Technik als Erfahrungswissen für Fehlervermeidungsstrategien angewendet, unter anderem auch in der IT als Fail-Safe-Prinzip, im Umfeld Ausfallsicherheit durch redundante Systeme. (Schneider, 2006)

Das scheinbar witzige „Gesetz" hat es also in sich, besonders in dem Moment, in dem Buddy Murphy vorbeikommt, obwohl wir ihn gar nicht eingeladen haben.

Sicher greifen wir das später nochmal auf.

Für die unverbesserlichen Optimisten unter uns, zu denen ich mich ganz sicher zähle, existiert noch eine Ergänzung dazu:

„Alles, was schiefgehen kann, wird auch schiefgehen.

[...] und man findet immer jemanden, der es wieder in Ordnung bringt."

So ist es, oftmals findet man diesen jemand auch ganz einfach in sich selbst.

Der Tod meines Vaters hat mich zwar nicht total aus der Bahn geworfen, doch wie so oft in derartigen Situationen, prasseln viele Themen gleichzeitig auf einen ein. Einfache organisatorische und manchmal auch unerwartet tief liegende, menschliche oder unbewusst seelische Herausforderungen. Gepaart mit der emotionalen Achterbahnfahrt einer hochschwangeren Frau im 9. Monat, meiner Frau, war der Juni 2019 sicher ein Monat, der im Gedächtnis bleibt.

Irgendwie haben wir es trotzdem gut hinbekommen! Wir haben nicht gejammert, wir haben weitergemacht und dabei sogar manchmal gelacht. Wir konnten noch den ein oder anderen netten und lachenden Moment vor dem offenen Kamin bei Hofer Bratwürsten und – ich – mit ein paar Bier oder Gläsern Wein auf der Terrasse meines Vaters verbringen.
(...nein, meine schwangere Frau hat natürlich keinen Alkohol getrunken.)

Das menschliche Gehirn ist das erstaunlichste System, das ich kenne.

EEK#2 – Murphy's Law
– Erlebnis-Erfahrung-Konsequenz #2

Erlebnis #2:
Obwohl mehr nicht kommen kann, kommt es dicker.

Erfahrung #2:
Wenn du denkst mehr kannst du nicht, stimmt das selten.

Konsequenz #2:
Jammern aufhören und weitermachen.

Idee & Umsetzung – Vater & Manager #1

18. Januar 2020

...und ehe man sich versieht ist nicht nur ein Monat vergangen, sondern wir schreiben nun auch das Jahr 2020.

Wahrscheinlich muss ich die eingangs gestellte Frage, ob ich ein Buch schreiben kann, indem ich den Zeitslot nutze, während ich Charlotte ins Bett bringe, mit NEIN beantworten.

Sicher gibt es auch ganz andere Momente mit Kindern. Wenn man das erste Mal Eltern wird erzählen einem alle Menschen, wie toll Kinder sind. Sie seien das tollste Geschenk der ganzen Welt, sie geben so viel. Sie sind der Sinn des Lebens...

Kein Mensch erzählt einem wie es ist, wenn deine Tochter von 24 Stunden eines Tages zehn schläft, zwei Stunden Flasche trinkt und die restlichen zwölf Stunden so schreit, als ginge es um ihr Leben. Kein Mensch erzählt dir, wie es ist, zu versuchen ein Sechs-Gänge-

Weihnachtsessen zu kochen, während du permanente Wippbewegungen machst, weil deine Tochter während sie mit einem Tuch auf deinen Bauch gebunden ist, ansonsten ohrenbetäubend brüllt, falls nicht.

Selten sind vor allem Väter darauf vorbereitet, dass ihr gewohntes Leben mit einem Kind schlagartig vorbei ist.

Und dennoch:
Ich bin manchmal traurig darüber, dass ich genau diese Anfangszeit meiner beiden großen Söhne verpasst habe, weil Projekte, Karriere oder die Renovierung eines uralten Hauses wichtiger erschienen. Ich bin traurig darüber, dass mein erster Sohn zum Telefonhörer Papa sagte, weil er es eben so gewohnt war und kannte.

Leider erkennt man manches erst rückblickend. Die Zeit kann kein Mensch zurückdrehen, die Vergangenheit kann man nicht ändern. Aber man kann im Hier und Jetzt die Zukunft ändern.

Nein, ich kann kein Buch schreiben, während ich Charlotte ins Bett bringe. Zum einen bin ich offensichtlich nicht diszipliniert genug, zum anderen ist es mir wichtiger und sicher ist es auch schöner, meine Tochter beim Einschlafen im Arm zu halten, nachdem sie herzzerreißend „bei Dir schlafe Papa, kuscheli“ sagte. Dafür kann ich nicht anders und wenn der Literatur-Nobelpreis dafür daran glauben müsste.

Am Ende sind Kinder, trotz aller Arbeit, irgendwie doch das tollste Geschenk der ganzen Welt.

...Charlotte schläft.

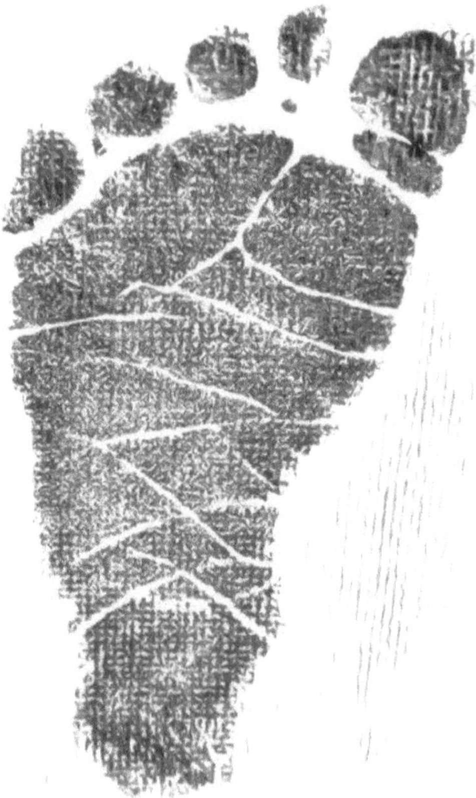

EEK#3 – Liebe eines Kindes
– Erlebnis-Erfahrung-Konsequenz #3

Erlebnis #3:
Die Liebe eines Kindes siegt.

Erfahrung #3:
Die Liebe eines Kindes ist die schönste Anerkennung, die Mann kriegen kann.

Konsequenz #3:
Darüber nachdenken, was der Sinn ist, für den jeden Morgen aufstehen sich lohnt.

Bist Du noch konsequent oder schon nicht veränderungsbereit genug? – Vater und Manager #2

22. Januar 2020

Und da haben wir wieder die Verbindung zwischen Working und Dad. Mit Kindern verändert sich das Leben schlagartig, nahezu täglich, und Kinder testen im Rahmen ihrer natürlichen Entwicklung immer wieder und permanent wie veränderungsbereit Du als Dad (oder Mum) bist – oder doch wie konsequent oder auch nicht?!

Dies führt mich zu dem Gedanken, was ist heute noch konsequent oder schon nicht mehr veränderungsbereit genug? Wenn alles disruptiv ist, kann dann Konsequenz noch eine Tugend sein?

Sowohl die Rolle als Vater, als auch die als Manager, verlangen im Spannungsfeld zwischen Veränderungsbereitschaft und Konsequenz genau die richtige Balance. Eine Gratwanderung, für die immer Fingerspitzengefühl oder Intuition oder auch

Instinkt, vor allem gesunder Menschenverstand notwendig ist. Und genau das ist es, was in der Diskussion von VUCA, Digitalisierung, künstlicher Intelligenz, maschinellem Lernen bis maschineller Automatisierung, in nahezu allen Lebensbereichen bleibt:
Intuition, Instinkt und gesunder Menschenverstand.
Gepaart mit unseren Emotionen, sind dies vielleicht die Kernkompetenzen, auf die es sich regelmäßig mal wieder rückzubesinnen lohnt.

Und: Konsequenz ist in diesem Zusammenhang als stabile Basis, doppeltes Netz, als Sicherheit zu verstehen – als

„[...] und man findet immer jemanden, der es wieder in Ordnung bringt."

Oft gibt es jemanden, der Erfahrung mit Situationen hat, in denen wir uns, unsere Mitarbeiter oder unsere Kinder sich befinden. Und oft hilft genau diese Erfahrung einen neuen Lösungsansatz, mindestens jedoch einen neuen Blickwinkel zu bekommen.

Einer meiner Mitarbeiter hat vor einigen Wochen einmal in einer Videokonferenz zu mir gesagt: „Du bist der Fels in unserer Brandung.“
Und meine Antwort war: „Danke! Felsen sind halt am Ende aber auch nur Menschen.“

Sowohl als Vater, als auch als Manager sollen wir das doppelte Netz sein, der Fels, auf den man sich verlassen kann. Mal sollen wir vor den Menschen stehen, für die wir die Verantwortung haben, und die Flutwelle brechen, die auf uns zurollt, mal vielleicht „two steps behind“ wie in dem Song von Def Leppard. So oder so wir sind da.

Ist es nicht auch ein Aspekt davon, was einen guten Vater und auch einen guten Manager ausmachen sollte? Da zu sein. Jemand zu sein, auf den man sich verlassen kann, der vor und hinter einem steht, dem man folgen will?
Sollten beide nicht immer genau wissen, was jetzt zu tun ist und verstehen, was jetzt richtig ist? Die Richtung weisend.

Ich finde diesen Gedanken versöhnlich und will gerne mein Bestes geben, der Vater zu sein, den ich mir immer gewünscht habe und auch der Manager, der Leader zu sein, der dem Bild von Positive Leadership am nächsten kommt.

Und dabei sollten wir uns zwei Dinge bewusst machen:
Auch Väter und Manager sind nur Menschen, die trotz ihrem Know-how und ihrer Erfahrung Fehler machen dürfen. Aus Fehlern lernen wir.
Auch Väter brauchen einen (guten) Vater und Manager sehnen sich oft nach einem Leader, der zumindest eine Richtung weist.

Vater, Manager, Mensch.

...heute schläft Charlotte schon lange und ich war sogar schon mit dem Hund eine Runde draußen vor diesem Gedanken.

EEK#4 – Leader
– Erlebnis-Erfahrung-Konsequenz #4

22. Januar 2020

Erlebnis #4:
Sowohl Kinder als auch Mitarbeiter oder Organisationen verlangen ähnliche Dinge.

Erfahrung #4:
KnowHow und State-of-the-Art Handwerkszeug helfen sowohl in der Rolle als Vater als auch als Manager.

Konsequenz #4:
Väter und Manager sind Menschen – beides sollten Leader sein – menschliche Leader.

Veränderungsbereit – Mut zum Fehler

05. Februar 2020

Einer der Menschen, die mich beruflich stark geprägt haben, hat folgendes zu dem Gedanken hinsichtlich der Bedeutung von Erfahrung ergänzt:

> *„… die Bedeutung von „Erfahrung" wird sogar abnehmen: Statt dessen müssen wir für Entscheidungen wieder „neues Wissen" generieren: Durch Testen & Lernen, Mut und Fehlschläge.*
>
> *Veränderungsbereit sein heißt auch, dass wir falsch liegen können und es gehört dazu, sagen zu können: „Das habe ich falsch gemacht…".*

Wer das kann, der wird in der VUCA-Welt ein Leader sein." (Scholz, 2020)

Heute geht nicht viel, die Kinder schlafen, bis morgen.

Verändert sich Erfahrung

06. Februar 2020

Ich stelle mir die Frage, ob tatsächlich die Bedeutung von Erfahrung abnimmt.

Nimmt die Bedeutung von Erfahrung ab oder werden die Zeit und die Zyklen, in denen wir Erlebnisse zu Erfahrung(en) und dann zu Erkenntnissen und Konsequenz(en) im und zu Handeln verarbeiten können, einfach nur kürzer?

Das Prinzip, neues Wissen durch Mut, Testen, Fehlschläge, Lernen und nochmal Testen zu generieren, ist dem Menschen ja nicht neu?! Ein Großteil der menschlichen Errungenschaften ist so entstanden.

...die Zeit zum Umsetzen wird nur immer kürzer. Und ist es nicht das, was wir sehr deutlich in den letzten Jahrzehnten erleben? Schnelligkeit im Quadrat.

Dafür ist vielleicht schon noch Erfahrung nötig. Auch die Erfahrung, dass es notwendig ist, sich Fehler schneller und offener einzugestehen. Vielleicht nimmt deshalb die Bedeutung von Erfahrung nicht ab, sie verändert sich aber definitiv – und das ziemlich schnell.

Alleine hat man bisweilen weder die Energie noch die Kapazität noch das Know-how, in einer bestimmten Geschwindigkeit zum erwünschten Ergebnis zu kommen. Das zeigt schon das kleine Gedankensparring zum Thema Erfahrung. Zusammen war das Ergebnis ein anderes, als ich hätte zu Papier gebracht.

Einfach mal nachgefragt und schon geht was.

Es ist spät geworden, alles um mich schläft. ...aus dem Erlebnis des Sparrings über Erfahrung wird wohl heute kein EEK mehr.

EEK#5 – Sparring
– Erlebnis-Erfahrung-Konsequenz #5

08. Februar 2020

Erlebnis #5
Oft stellt man fest, dass man alleine nicht richtig vom Fleck kommt.

Erfahrung #5
Zusammen ist das Ergebnis in der Regel besser.

Konsequenz #5
Einfach nach Sparring fragen ist ein Anfang.

Erfahrung und neuronale Netze

09. Februar 2020

Ich hänge mit meinen Gedanken noch an der Aussage, dass Erfahrung in die Waagschale zu werfen (insbes. auch im Business) Stabilität der Rahmenbedingungen erfordert, unter denen sie gemacht wurde.
Im Klartext würde das bedeuten, dass uns Erfahrung nur dann etwas bringt, wenn wir schon mal in einer gleichen Situation gewesen sind. Rein für die einzelne Erfahrung betrachtet, stimmt das vielleicht sogar.

Die Summe an Erfahrungen ergibt unseren Erfahrungsschatz. Je größer der Erfahrungsschatz desto größer sein Einfluss auf die Intuition und damit auf die Entscheidungen und deren Konsequenzen.

Aus den positiven und negativen Erfahrungen ergibt sich in der Verknüpfung ein Lerneffekt, der auch für zukünftige Entscheidungen eine Rolle spielt, selbst wenn die Rahmenbedingungen nicht die gleichen sind.

Meine Erlebnisse und Erfahrungen in der frühen Kindheit meiner beiden ersten Kinder beeinflussen in der Konsequenz die Erfahrungen, die wir jetzt alle zusammen inklusive der beiden Jüngsten machen.

Ich selbst bin mittlerweile ein anderer und auch die Rahmenbedingungen haben sich gravierend verändert. Die Erfahrungen spielen dennoch eine große Rolle.

Auch die Erlebnisse und Erfahrungen aus zwanzig Jahren Projekte und Co im Job beeinflussen die Konsequenz meiner Entscheidungen, die ich heute in meinem beruflichen Umfeld treffe. Obwohl auch hier die Rahmenbedingungen in der Zwischenzeit gänzlich unterschiedlich sind.

Nach meinem Studium habe ich meine Karriere Anfang der 2000er Jahre bei einem bekannten deutschen Discounter begonnen, obwohl mich alle Kollegen, Bekannte und Freunde davor gewarnt hatten: ‚Wie kannst Du nur zu einem Discounter gehen?! Dort wirst Du ausgebeutet, da kannst Du ja gleich zu einer Unternehmensberatung gehen, das ist dann wenigstens ein Sprungbrett…".

Tatsächlich waren die ersten „richtigen“ Berufsjahre harte Schule und tatsächlich habe ich nach knapp drei Jahren jedoch aus hauptsächlich privaten Gründen gekündigt, um dann nach einer Zwischenstation und einem weiteren Jahr für eine kleine Software-Firma wieder für diesen Discounter zu arbeiten.

In dieser kleinen Software-Firma mit ihren damals knapp 80 Mitarbeitenden konnte ich erleben, dass es auch hier eine ‚harte Schule‘ gibt. Ich konnte die Erfahrung machen, was es bedeutet, Teil eines Teams zu sein, das in nur fünf Jahren aus einer kleinen Software-Bude aus dem Wald einen Marktführer mit 600 Menschen zu machen. Dies bedeutete unter anderem direkt die Verantwortung für die Kollegen, für die Projekte, für das Unternehmen zu spüren. Wir spürten jeden Tag, wenn wir und unsere Kollegen einen guten Job machen, sind wir erfolgreich, dann ist es das Unternehmen auch. Setzen wir das nächste Projekt in den Sand, spürt das ganze Unternehmen direkt die Konsequenzen.

Und wir waren erfolgreich, und wie! Ich war erfolgreich – zumindest im Job.

Dass mein großer Sohn das erste Mal Papa statt zu mir persönlich zum Telefonhörer sagte, weil er es nicht anders kannte, habe ich damals nicht als problematisch wahrgenommen. Dies Erfahrung konnte ich erst später schmerzhaft machen…

Die Situationen bei dem großen Flaggschiff zu Beginn meiner beruflichen Laufbahn und die krasse Zeit in der kleinen Software-Firma waren in vielerlei Hinsicht gänzlich verschieden, und dennoch sehr ähnlich. Von den Erfahrungen konnte ich auch Jahre später noch profitieren, als ich wieder zum Mutterschiff, dem großen Händler, zurückkehrte, und ich tue es noch heute.

Auch die Situation als Vater war damals eine vollkommen andere. Die Zeiten haben sich geändert, ich habe mich verändert und alle vier Kinder „kennen" ihren Papa nun auch physisch. Abgesehen davon haben wir auch kein Festnetz-Telefon mehr, zu dessen Hörer man Papa sagen könnte, und mindestens am Handy Display sieht man wenigstens ein Bild.

Das Leben trainiert uns als Vater und als Manager auch für komplett neue Situationen. Auch in Situationen nicht-sozialer Interaktion.

Hiervon sind neuronale Netze inspiriert, die ja auch durch positive und negative Gewichtung der Neuronen (Entscheidungs-)Knoten Entscheidungen beeinflussen. Voraussetzung ist natürlich entsprechend umfangreiches Training und Trainingsmaterial, vergleichbar mit vielen gemachten Erfahrungen.

Je mehr Knoten miteinander verbunden sind, desto komplexer können die Entscheidungen sein, die getroffen werden müssen.

Selbstverständlich hinkt der Vergleich etwas, da der Mensch nicht auch nur ansatzweise die Rechenperformance besitzt, mit künstlicher Intelligenz mithalten zu können.

Anderseits machen Erfahrungen kombiniert mit Intuition und der größten menschlichen Eigenschaft, der Emotion, uns Menschen jedoch wahrscheinlich großartiger, als es nach heutiger Vorstellung eine Maschine sein kann.

Auch wenn wir Menschen gerade durch unsere menschlichen Eigenschaften oft scheitern, gerade im Scheitern und im Fehler machen liegt der größte Lerneffekt.

Der Kragen platzt – Murphy & die Jonglierkunst

20. Februar 2020

Die letzten Tage haben mich im Geschäft ziemlich in Anspruch genommen. Zuhause sorgt ein neues AuPair mit Überforderung für Herausforderung und die Erkältung von allen drei Mädels im Haushalt erledigt den Rest, den ich brauche, um erschöpft zu sein.

Murphy hat mal wieder zugeschlagen und mir im Job nicht nur eine unnötige Negativstress-Situation sondern gleich mehrere beschert. Er wollte testen, wie viele Bälle man gleichzeitig jonglieren kann, bevor man den einen nicht mehr exakt fängt und deshalb alles aus den Fugen gerät.

Diesmal hat er es geschafft. Das Fass ist übergelaufen, der Kragen ist geplatzt.

Im Nachgang stellte sich mir die Frage:
Darf einem das als Leader auf dem NewWayOfWorking-Ship überhaupt noch passieren, dass einem der Kragen platzt? Wenn alles um purpose geht, sich alle lieb

haben und vor lauter Positive Leadership und Enablement quasi als NoBrainer wie von selbst auf der Journey zum Success schweben, darf man da mittenrein auch mal laut und deutlich sagen, dass etwas Scheiße läuft ohne gleich eine FuckedUp-Night daraus zu machen, um die Lessons in Purpose umzuwandeln?

Ich meine: Ja.

Wir sind Menschen und Menschen haben Emotionen.

Emotionen und deren bewusste Spitze des Eisbergs, unsere Gefühle, gehören zu unserem Beruf genauso wie zu unserem Privatleben, zu unserem Leben eben. Positive wie negative.
Die meisten unserer Emotionen bekommen wir noch nicht einmal mit, da das limbische System in unserem Gehirn unterhalb unseres Bewusstseins auf nahezu alle Reize mit Emotionen reagiert. Erst wenn es hierbei tatsächlich etwas zu verarbeiten gibt, kommt die Spitze des Eisberges Emotionen zum Vorschein. Aus Emotionen werden dank dem Hinzuziehen unserer Hirnrinde zu bewusste Gefühlen.

Wir sind Menschen in Beziehungen und Menschen in Beziehungen haben Gefühle.

Wir haben Angst und Wut, wir trauern und wir freuen uns.

All unsere Beziehungen, private wie berufliche, basieren auf Vertrauen. Selbst dann, wenn es sich um erzwungene Beziehungen handelt. Man erwartet in Beziehungen, dass das Vertrauen immer wieder durch entsprechendes wechselseitiges Verhalten bestätigt wird.

Menschen in Beziehungen haben Erwartungen, Bedürfnisse.
Wird die Erwartung nicht erfüllt oder werden Bedürfnisse nicht befriedigt, fühlt man sich verletzt. Das Vertrauen ist angegriffen. Wir fühlen uns hintergangen.

Hierbei ist es noch nicht einmal entscheidend, ob das Vertrauen tatsächlich „missbraucht“ wurde. Das Gefühl ist vorhanden, so oder so.

Das ist für halbwegs harmoniebedürftige Menschen eine absolute Stresssituation. Manchmal schaffen es auch die besten

Führungskräfte oder die tollsten Väter nicht mehr, in derartigen Situation so „gewaltfrei“ zu kommunizieren, wie es in fast jedem Kommunikationstraining nach Rosenberg gelehrt wird. Rosenberg formulierte den Ansatz gewaltfreier Kommunikation (GFK) zusammenfassend in einem Satz:

„Wenn ich a sehe, dann fühle ich b, weil ich c brauche. Deshalb möchte ich jetzt gerne d.“

a ... Beobachtung; b ... Gefühl; c ... Bedürfnis; d ... Bitte (Rosenberg, 2021)

Kriegt man dieses Gefühl des Vertrauensverlusts so nicht durch möglichst gewaltfreie Gespräche ausgeräumt oder trifft einen dieses Gefühl auf einem ohnehin schon recht hohen Stresslevel, dann läuft das Fass über. Man fängt den einen Ball nicht mehr exakt und das ganze Jongliersystem bricht in sich zusammen.

Der Kragen platzt.

Das ist zutiefst menschlich. Gefühle, Purpose, Miteinander und Erwartungen aneinander spielen gerade in unseren NewWork-Zeiten eine Riesen-Rolle und es sollte deshalb auch ok sein, wenn Emotionen deutlich geäußert werden.

Felsen sind eben auch nur Menschen.

Charlotte schläft, die nächste EEK gibt es später...

EEK#6 - Emotionen
– Erlebnis-Erfahrung-Konsequenz #6

22. Februar 2020

Erlebnis #6
Der Kragen ist geplatzt.

Erfahrung #6
Gefühle entstehen durch Erwartungen, durch belohntes oder ausgenutztes Vertrauen.

Konsequenz #6
Akzeptieren wir doch einfach Gefühle, sie machen uns menschlich.

Großartig oder doch ganz klein – Vater und Manager #3

02. März 2020

Und schon wieder hatte ich in den letzten Tagen ganz und gar nicht das Gefühl, dass der Mensch wahrscheinlich durch Gefühle großartiger als jede Maschine, als jedes neuronale Netz ist.
Gefühlt schlug jeder meiner Knoten im Kopf mindestens einmal Alarm. Getreu dem Motto: Der Tag hat 24h und wenn das nicht reicht gibt es ja noch die Nacht.

Binnen „Minuten" von der Verhandlung einer Finanzierungsbeteiligung mit Zwischenstopp bei der eigenen Daten- und Architekturstrategie der ganzen Gruppe über Struktur- und Kostenplanung, HR-KPIs zu Terror am Abendbrottisch, zuerst Windelwechseln beim Kleinsten oder doch Schlachtfeld rund um Teller und auf Gesicht und Hände beseitigen, nahtlos übergehend zu Hysterie-Anfall, weil Papa statt Mama den Schlafanzug anzieht, untermalt von lautstarkem Ich-bekomme-zu-wenig Aufmerksamkeits-Geschrei des Kleinsten gefolgt von einem Tobsuchtsanfall meiner Frau.

Puuhhh...
Wie war das nochmal mit den Felsen?!

Nach drei Gute-Nacht-Geschichten, eine davon handelte von einem Hasen und einem Riesen, eine andere von einem Ritter und einem Drachen, war der Tag am Ende und ich auch.

Ich hatte gelernt, dass manchmal sowohl der Hase vor dem Riesen Angst hat, als auch der Riese vor dem Hasen, und manchmal der Ritter mit dem Drachen kämpfen möchte, aber der Drache nicht mit dem Ritter und als der Drache dem Ritter erklärt, warum er nicht kämpfen möchte und der Ritter dem Drachen, warum er zwar kämpfen soll, aber eigentlich auch nicht möchte, dann am Ende beide zusammen verreisen!
Das erinnerte mich an so manche Geschehnisse in meinem Job.

Irre diese Geschichte, witzig und leise nachdenklich. Irre dieser Tag, irre dieses Leben. ...und alles irgendwie auch sau gut.

Als ich das gerade aufschreibe, überlege ich, dass die Geschichte mit dem Ritter und dem Drachen ziemlich gut geeignet ist die Methodik des Harvard-Prinzips der Verhandlung und deren Kernelemente zu veranschaulichen:

Miteinander sprechen,
persönliche Interessen beleuchten,
Alternativen bieten,
gemeinsame Ansätze finden,
Maßnahmen umsetzen.

Ritter und Drache sind glücklich.

...die Geschichte, wie ich eine halbe Stunde vor dem Vorlesen dieser Geschichte meine Tochter dazu gebracht habe, sich von mir statt meiner Frau den Schlafanzug anziehen zu lassen, eignet sich bei näherer Überlegung auch, ich bin nur unsicher ob sie als Lehrbeispiel für gute Erziehung dient.

Abermals denke ich, Vater- und Manager zu sein ist in vielerlei Hinsicht ähnlich.

Gute Nacht, Kinder.

#machenistwiewollennurkrasser

07. März 2020

Heute ist Samstag, es ist kurz vor zwei Uhr nachmittags, meine Frau schläft mit meiner Tochter, meine großen Söhne sind in ihre Zimmer verschwunden und das AuPair versucht ein Stockwerk höher den Kleinsten davon abzubringen zu schreien.

Der Hund liegt alle Viere von sich gestreckt mitten im Raum auf dem neuen Ikea-Teppich und träumt wahrscheinlich gerade davon, wie es wäre in einer Welt zu leben, in der man niemals von diesem Platz verscheucht wird, weil der Teppich so neu und flauschig, jedoch nichts für Hunde ist.

Und ich sitze in dieser ruhigen Minute hier und denke darüber nach, dass ich langsam einmal das Kapitel
#machenistwiewollennurkrasser
angehen sollte, nur heute nicht, da ich nicht genau weiß, wie lange der Slot ist um dies zu tun.

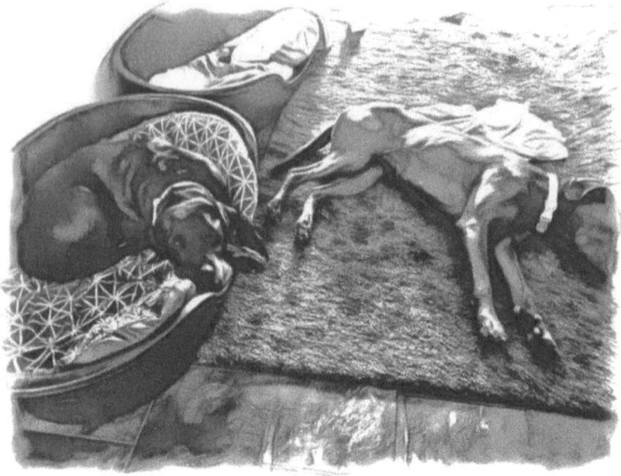

Letztes Jahr im November habe ich mit meinen Mitarbeitern einen Workshop mit diesem Motto veranstaltet. Der Geist und die Bedeutung dahinter ist auf viele Arbeits- und Lebenssituationen anwendbar. Wir verwenden dies seither wie ein kleines Mantra und irgendwie ist es dadurch zum Motto der ganzen Abteilung, auch zu meinem Motto geworden.

Der Unternehmensberater Daniel Wulf hat einmal gesagt:

„Der Mensch ist nicht intelligent genug um strategisch zu handeln, er kann jedoch hervorragend Probleme lösen." (Wulf, 2018)

Dies bedeutet meines Erachtens nicht, dass es sinnlos ist, eine Strategie zu haben, es ist aber wahr, dass wir durch Handeln, durch Machen oft Probleme lösen, die wir entweder vorab gar nicht erst wahrgenommen haben oder für unlösbar hielten. Machen ist folglich die bessere Alternative.

Darüber nachzudenken, was alles passieren könnte oder auch nicht, welche Drehungen und Wendungen etwas nehmen könnte oder auch nicht, bedeutet oftmals, dass man nur darüber nachdenkt, anstatt loszulaufen und sich auf diese Drehungen und Wendungen, also auf die Veränderung einzulassen.
Und zwar sich zu dem Zeitpunkt einzulassen, in dem sie passieren, um die eventuell daraus entstehenden Probleme einfach direkt zu lösen.

Oftmals verlieren wir uns auch in den Überlegungen, was nur die Leute denken könnten, wenn wir dies oder das tun. Was wird der oder die nur von uns denken, das werden aber bestimmte Stakeholder nicht gut finden.

Schon Aristoteles hat darüber nachgedacht und folgendes Zitat wird ihm zugeschrieben:

„Es gibt nur einen Weg um
Kritik zu vermeiden:

Nichts tun,
nichts sagen,
nichts sein.“

Tun, Sagen und Sein, also Loslaufen und Machen, sollten selbstverständlich mit Sinn und Verstand geschehen, die Risiken mit gesundem Menschenverstand kalkulierbar sein.

Dann ist #machenistwiewollennurkrasser vielleicht sogar nicht nur ein Motto sondern eine Lebenseinstellung. Eine Philosophie, die im privaten, aber gerade auch in unserem geschäftlichen Leben gelten kann.

Ein Beispiel:

Zwei Väter denken darüber nach, mit ihren Söhnen Fußball zu spielen.
Der eine nimmt es sich für das nächste Wochenende vor, der andere nimmt den Fußball und seine Söhne und geht mit ihnen raus und spielt.

Zwei Manager denken darüber nach, mal wieder durch die Büros ihrer Mitarbeiter zu laufen und zu fragen wie's Ihnen geht, wenn man sich schon lange nicht mehr getroffen oder gesprochen hat. Der eine lässt seine Assistenz einen Termin suchen, der andere steht auf, geht durch die Büros und fragt wie es ihnen geht.

In vielen Situationen unseres Lebens ist einfach Machen nur eine bewusste Entscheidung es zu tun. Es werden sich immer Gründe finden, warum jetzt nicht geeignet ist, warum irgendwann vielleicht besser als jetzt ist und welche negativen Konsequenzen es haben könnte wenn man es jetzt macht.

Oft genug bleibt es jedoch dann beim Wollen, anstatt Machen in die Tat umzusetzen.

Machen wir jedoch, stellen wir fest – auch oft genug -, dass die Probleme, die wir auf dem Weg erleben, gar nicht so groß sind, wie wir sie uns zu Beginn vielleicht vorgestellt haben und plötzlich gehen Türen auf, durch die wir gehen können. Aus dem einfach Machen entsteht noch etwas viel Besseres, als wir uns am Anfang hätten vorstellen können.

Initiative ergreifen und mit Engagement und kreativem Denken einen Unterschied machen, gehört ebenfalls zum Machen.

Anja Förster und Peter Kreuz erzählen in Ihren Vorträgen hierzu eine Geschichte, die ich seit dem ersten Mal Hören nie wieder vergessen habe und seitdem selbst schon oft erzählt habe. Hierzu im nächsten Kapitel mehr.
Jetzt habe ich das Kapitel #machenistwiewollennurkrasser doch schon geschrieben. Ich sag es ja: Einfach mal machen!
...Charlotte ist aus dem Mittagsschlaf erwacht.
Bis bald.

EEK#7 – Machen
– Erlebnis-Erfahrung-Konsequenz #7

07. März 2020

Erlebnis #7
Bevor man etwas anfängt erscheint es oft schwierig, mit zu vielen Problemen behaftet oder gar unmöglich.

Erfahrung #7
Fängt man an, sind viele Schwierigkeiten zu schaffen, und nicht selten entsteht durch das Machen etwas viel Besseres, als man es sich erwartet hätte.

Konsequenz #7
Einfach mal machen.

#machenistwiewollennurkrasser

Initiative & Machen auf den Punkt

07. März 2020

Nachdem Charlotte (und meine Frau) heute Nachmittag wach geworden waren, haben meine Frau und ich die Initiative ergriffen und haben Machen in die Tat umgesetzt. Wir taten etwas, das wir schon seit einer Ewigkeit nicht mehr alleine gemacht haben:

Wir haben alle vier Kinder bei dem AuPair gelassen und sind mit unserem Hund Nala über die Felder spazieren gegangen. Einfach so, nur wir beide.

Ergänzung 17. März 2021

Bei dieser ersten „Runde über die Felder" zu zweit ahnten wir zum einen nicht, dass daraus ein tägliches Ritual werden sollte, sogar ein neues Meeting-Format, und wir ahnten zum anderen auch in keinster Weise, dass nur ein paar Tage später eine Pandemie für lange Zeit sowohl unser Geschäftsleben als auch wahrscheinlich unser gesamtes Leben nachhaltig verändern sollte.

Jede Krise hat auch eine positive Kraft. Dazu später mehr...

Zurück am 07. März 2020

Initiative und einfach gegen alle Bedenken machen führt oft zu etwas Wunderbarem.
Eine Geschichte, die Initiative, Einstellung und Machen-auf-den-Punkt meines Erachtens sehr gut beschreibt ist „Die Kunst Äpfel zu kaufen". Anja Förster und Peter Kreuz erzählen sie des Öfteren in ihren Vorträgen und ich - seit ich sie das erste Mal gehört habe - hin und wieder Kollegen und Mitarbeitern. Sie stammt ursprünglich von dem Mormonenprediger Randall L. Ridd, ist einer abgewandelten Form auf www.foerster-kreuz.com und in dem Buch „Zündstoff für Andersdenker" veröffentlicht und geht so:

> *„Tom bewarb sich bei einer renommierten Firma. Mit Erfolg. Er bekam einen Einstiegsjob. Aber sein Ehrgeiz war geweckt – er wollte mehr. Um genau zu sein: Er wollte mehr Verantwortung und einen*

höher dotierten Job. Und um das zu erreichen, kniete er sich rein. Er arbeitete gewissenhaft die Aufgaben ab, die ihm übertragen wurden, er kam früh morgens und blieb auch abends länger, damit sein Chef sehen konnte, dass er es ernst meinte.

Nach vier Jahren war es endlich soweit: Eine Führungsposition wurde frei. Aber zu Toms großer Bestürzung wurde die Position an einen anderen Mitarbeiter vergeben, der gerade erst seit sechs Monaten in der Firma war! Tom war extrem verärgert und forderte von seinem Chef eine Erklärung.

Sein Chef sagte: „Würden Sie mir einen Gefallen tun, bevor ich Ihre Frage beantworte?"

„Na klar", sagte Tom.

„Würden Sie bitte ein paar Äpfel für mich kaufen? Meine Frau hat mich gebeten, die mitzubringen."

Tom nickte und machte sich auf den Weg zum Supermarkt. Als er wieder zurückkam und dem Chef die Tüte reichte, sagte sein Chef: „Ah, danke! Welche Sorte Äpfel haben Sie denn gekauft?"

Tom war verblüfft. „Ähm, ich weiß nicht. Irgendwelche. Sie haben nur gesagt, dass ich Äpfel kaufen soll. Und das sind Äpfel."

„Gut. Und wie viel haben sie gekostet?"

„Hm, da habe ich gar nicht drauf geachtet. Sie haben mir 30 Euro gegeben. Hier sind der Kassenzettel und das Wechselgeld."

„Danke schön, Tom“, sagte der Chef. „Und jetzt setzten Sie sich bitte und hören genau hin.“

Der Chef rief den Mitarbeiter an, der die Beförderung erhalten hatte: „Hallo, Tim, würden Sie mir bitte einen Gefallen tun? Würden Sie bitte ein paar Äpfel für mich kaufen? Meine Frau hat mich gebeten, die mitzubringen.“

Als Tim kurz darauf mitsamt den Äpfeln ins Büro kam, fragte der Chef ihn: „Welche Sorte Äpfel haben Sie gekauft?“

„Oh“, antwortete Tim, „ich war auf dem Wochenmarkt um die Ecke. Dort gab es eine ganze Reihe von Sorten. Granny Smith, Cox Orange, Boskoop, Gala, Elstar, Golden Delicious und noch einige mehr. Ich wusste gar

nicht, welche Sorte ich kaufen sollte. Aber mir ist eingefallen, dass Sie sagten, dass Ihre Frau die Äpfel braucht. Also habe ich sie schnell angerufen. Sie sagte, dass sie für den Kindergeburtstag frisches Apfelmus machen wolle. Und dann habe ich den Händler gefragt, welche Sorte sich am besten für Apfelmus eignet. Er hat mir Boskoop empfohlen, weil die sehr aromatisch sind und auch säuerlich, was wohl im Apfelmus am besten schmeckt. Die habe ich dann gekauft."

„Und wieviel haben die gekostet?"

„Ja, das war die andere Sache. Ich wusste nicht, wie viele ich kaufen sollte. Deshalb habe ich nochmals kurz bei Ihrer Frau angerufen und sie gefragt,

wie viel Apfelmus sie machen möchte. Sie sagte, dass sie das gar nicht so genau sagen könne. Es kämen 25 Kinder und es gäbe Kartoffelpuffer. Dafür solle der Apfelmus reichen. Also habe ich den Händler gefragt, wie viele Äpfel man für Apfelmus für Kartoffelpuffer für 25 Kinder benötigt. Der war erst etwas ratlos und rief dann seine Mutter dazu. Die wusste Bescheid und riet zu 5 kg Äpfel. Er hat mir dann extra noch von Hand eine Quittung geschrieben, hier bitte."

„Danke schön" sagte der Chef, „Sie können jetzt gehen."

„Ach", sagte Tim und drehte sich in der Tür nochmal um, „Ihre Frau wird in der Tüte auch eine Zitrone finden. Das ist kein Versehen,

sondern ein Tipp der Mutter des Händlers. Der Zitronensaft verhindert, dass das Mus so hässlich braun wird."

„Danke!", sagte der Chef nochmal. Sein Blick wanderte zu Tom. Dieser war aufgestanden und sagte mit hängenden Schultern: „Jetzt verstehe ich, was Sie meinen." (Förster & Kreuz, 2017)

Textauszug mit freundlicher Genehmigung des Murmann Verlages. Anja Förster, Peter Kreuz: Zündstoff für Andersdenker. Murmann Publishers, Hamburg 2017,. 24.90 €

Ich liebe diese Geschichte. Sie inspiriert. Sind wir nicht alle ein wenig Tom & Tim?

Denken wir nicht oft genug nur darüber nach, was wir brauchen und wollen und was wir dafür tun müssen, anstatt mal darüber nachzudenken, was, warum und wozu diejenigen das brauchen, was wir tun.

...würde ich jetzt gerade ein Management Handbuch schreiben, wäre wahrscheinlich dies der Moment, in dem das Kapitel über Kundenfokussierung, Customer Centricity und oder Customer Journeys käme. Ich schreibe jedoch nur ein kleines Büchlein mit Gedanken und Impulsen (nicht nur) in besonderen Zeiten.

Die Karrieristi unter uns können sich den Part jetzt ausmalen und alle anderen fragen sich jetzt vielleicht, wann sie das letzte Mal Tim für jemanden waren.

OBSTGUT

EEK#8 – Tom & Tim
– Erlebnis-Erfahrung-Konsequenz #8

07. März 2020

Erlebnis #8

Jeder auch noch so kleine Job, kann mit Initiative und der richtigen Einstellung zu einem besonderen Job und zu einem besonderen Erlebnis werden…

Erfahrung #8

…und für diejenigen, für die man ihn macht, zu einer schönen Erfahrung.

Konsequenz #8

Öfter mal an die Kunst Äpfel zu kaufen denken und sich fragen, ob man Tom oder Tim sein möchte.

Was machen wir hier eigentlich – Gelassenheitsgebet

07. März 2020

Was wir letztendlich machen sollten und was wir gegebenenfalls besser lassen sollten, ist natürlich eine wirklich gute Frage, die zumindest von mir nicht pauschal oder generalistisch beantwortet werden kann.

Wann lohnt es sich Tim zu sein und wann können oder sollten wir vielleicht einfach mal wie Tom sein?

Als Orientierung dient vielleicht das Gelassenheitsgebet von Reinhold Niehbuhr, einem US-amerikanischen Theologen, der diesen Text vor oder während des zweiten Weltkrieges geschrieben haben soll:

Gott, gib mir die
Gelassenheit,
Dinge hinzunehmen,
die ich nicht ändern kann,
*den **Mut**, Dinge zu ändern,*
die ich ändern kann,
*und die **Weisheit**,*
das eine vom anderen zu
unterscheiden. (Wikipedia,
2021)

In einer ausführlicheren Übersetzung wird es fortgesetzt:

Einen Tag nach dem
anderen zu leben, einen
Moment nach dem anderen
zu genießen.

Entbehrung als einen Weg
zum Frieden zu akzeptieren,
sie anzunehmen, wie Jesus es
tat:
diese sündige Welt, wie sie
ist, und nicht, wie ich sie
gern hätte,
zu vertrauen, dass Du alles
richtig machen wirst,
wenn ich mich Deinem
Willen hingebe,
sodass ich in diesem Leben
ziemlich glücklich sein möge
und im nächsten Leben für
immer überglücklich.

Amen. (Wikipedia, 2021)

Meines Erachtens beinhaltet es gerade auch in unserer chaotischen und immer schnelleren Welt viel Wahrheit und Orientierung, unabhängig, ob man ein gläubiger Mensch ist oder nicht.
Immer gegen Windmühlen anzurennen, ohne einen Effekt zu erzielen, ist frustrierend, unabhängig der Zusammenhänge. Manchmal ist es vielleicht auch einfach nur der falsche Zeitpunkt und wir müssen es zu einer anderen Zeit nochmals versuchen.

In der Zwischenzeit sollten wir uns auf die Bereiche konzentrieren, in denen unser Machen auch eine Wirkung erzielt.

Interessanterweise geht das natürlich auch unseren Mitmenschen so, von denen wir etwas wollen. Manche, die uns nur Gutes wollen, weil sie für uns verantwortlich sind, müssen manchmal genau das von dem Tun, was wir von Ihnen verlangen. Ich durfte erleben, dass das überraschendweise sogar in meinem Interesse war…

Alle außer mir schlafen schon. Ich habe Nachtschicht und bin gespannt wieviel Schlaf mir bis zu Julian‘s erster Flasche bleibt.

Was Gelassenheit mit Dosierung von Erfahrungen zu tun hat – Vater & Manager #4

09. März 2020

Manchmal erleben wir als Manager, dass sich Mitarbeitende wie pubertierende Kinder verhalten:
Sie provozieren, sie wissen Dinge besser, sie hinterfragen Maßnahmen, die ihrem Schutz oder ihrer Weiterentwicklung dienen. Sie wollen mehr Verantwortung als ihnen gut tut und sie tragen können. Dabei tun sie sich auch mal weh und scheitern, ihnen misslingen Dinge und sie brauchen dann jemanden, der da ist, der es in Ordnung bringt und sie im übertragenen Sinne in den Arm nimmt. Sie wollen sich völlig frei und selbstständig fühlen und verlangen dennoch nach dem Netz, das sie fängt, wenn sie fallen.

Die Reaktion ist genauso einfach wie oftmals auch sehr schwer:
Gelassenheit, Konsequenz und Sicherheit.

Als ich mich als junger Projektleiter meinem damaligen Chef gegenüber so verhalten hatte, verstand ich damals nicht, warum er sich als Reaktion konsequent verhielt und seine Entscheidungen nicht überdachte. Viel später, als wir keine Kollegen mehr waren, hatte ich Gelegenheit mit ihm darüber zu sprechen.
Die Antwort war:

„Ich habe Dich nicht von der Leine gelassen, weil Du noch nicht so weit warst."

Selbst in dem Gespräch hatte ich die Tragweite seiner Entscheidung damals, mich nicht von der Leine zu lassen, nicht voll umrissen.
Nochmals später begriff ich, wie wichtig es ist, eigene Mitarbeiter zwar beim Wachsen in Erfahrung zu unterstützen, gleichzeitig aber so zu schützen, dass notwendige negative Erfahrungen nur so groß sind, dass sie auch zur Konsequenz in der Weiterentwicklung werden können.

Die Balance zwischen guten und schlechten Erfahrungen ist oft ein Schlüssel zur Weiterentwicklung, meiner Erfahrung nach sowohl bei Kindern als auch bei Mitarbeitern.

Die Dosierung in beiden Waagschalen ist unsere Aufgabe als Vater und Manager.

...ich bin meinem damaligen Chef sehr dankbar dafür, dass er mir die Gelegenheit gegeben hat, diese Erfahrung machen zu können.

Augenhöhe – Sicherheit zu geben braucht die richtige Einschätzung der Lage

09. April 2021

– Ergänzung ein Jahr später

Bei der Überarbeitung und im Sparring mit einem Weggefährten vieler Berufsjahre, kam mir ein weiteres Erlebnis mit eben diesem Weggefährten in den Sinn, das für meine Karriere ebenfalls eine der prägendsten Erfahrungen überhaupt war:

Als junger Projektleiter, der seit einigen wenigen Monaten seinen ersten wichtigen Job angetreten hatte, war ich beauftragt, ein neues Modul einer Software-Lösung zu konzipieren. Ich bekam hierzu alle notwendigen fachlichen wie technischen Ansprechpartner genannt und einige Wochen Zeit zur Ausarbeitung des Konzeptes, eines Lasten- und Pflichtenhefts, einer Spezifikation, die nach Freigabe von der Inhouse-Anwendungsentwicklung als Eigenentwicklung programmiert werden sollte.

Ich war mächtig stolz, so viel Verantwortung, nach so kurzer Zeit übertragen zu bekommen. Natürlich wollte ich mich beweisen und allen zeigen, was ich kann.

Verstärkt wurde dieses stolze Gefühl noch dadurch, dass ich nach einigen Wochen eine Einladung für ein Meeting beim Geschäftsführer der Anwendungsentwicklung bekam, dem ich die Spezifikation vor dem Start der Implementierung vorstellen sollte.

Wow, wie cool war das denn?! Ich durfte ‚meine' Software der Geschäftsführung präsentieren.

Entsprechend aufgeregt war ich natürlich am Tag der Präsentation. Ich hatte mir extra ein neues Jacket gekauft, damals trug man per ungeschriebenem Gesetz Kombination. Neben der meiner Ansicht nach genialen Spezifikation sollte natürlich auch mein professionelles Aussehen glänzen.

Ich betrat also mit drei Ausdrucken der circa 50-seitigen Spezifikation, auf die ich ebenfalls mächtig stolz war, und mit meinem

Bereichsleiter im Schlepptau, zum ersten Mal das Büro des Geschäftsführers.

Ich erinnere mich noch sehr genau daran. Es war ein großes, geräumiges Büro mit einem riesigen Schreibtisch über Eck, einem Sideboard und einem Besprechungstisch, an dem wir dann zu dritt Platz nahmen.

Während mein damaliger Vorgesetzter noch kurz beim Hinsetzen ein mir fremdes Thema ansprach, wanderte mein Blick durch das Büro. Sowohl der Schreibtisch, als auch das Sideboard waren bedeckt mit genau den gleichen Klarsichthüllen und anscheinend ganz vielen solcher Ausdrucke, wie ich sie zur Vorstellung mitgebracht hatte.

…klar! Als Geschäftsführer ist der Mann ja auch für alle Software-Anwendungen und nicht nur für mein Thema verantwortlich, dachte ich mir. Kinderspiel also, die Präsentation der Spezifikation…

Was in den folgenden 30 Minuten passierte hatte ich in keinster Weise auf mich zukommen sehen: Die ersten Minuten liefen ganz gut, nach Smalltalk zu meiner

Einarbeitung bekam ich den Einstieg in die Thematik ganz gut hin. Ich fühlte mich gut.

Nach diesen ersten Minuten war nicht nur ich im Thema, sondern auch mein GF. Mit jeder Frage stiegen wir tiefer und tiefer ein und ab der dritten Frage wusste ich:
Ich war total schlecht vorbereitet und die Spezifikation war lange nicht so gut, wie ich dachte.

Mit jeder weiteren Frage wurde ich von einem Geschäftsführer, der noch viele andere Themen im Kopf und in seiner Verantwortung hatte, zu meiner Software schier auseinandergenommen.

Ich dachte:
Krass, der Typ zerlegt mich gerade auf Datenbankfeld-Ebene und steigt dann am Abend in seinen A8 Dienstwagen!

Nachdem meine Spezifikation im übertragenen Sinne zerrissen war, ich nochmals zwei Wochen mehr Zeit für die Überarbeitung bekommen hatte, stand ich beim Verlassen des Büros vor dem Schreibtisch mit den vielen Spezifikationen in den Klarsichthüllen und habe mir zwei Dinge geschworen:

Erstens:
Es wird mir nie wieder passieren, so schlecht vorbereitet in einen Termin zu gehen.
Zweitens:
Sollte ich jemals in meinem Leben Geschäftsführer werden, will ich zumindest annähernd thematisch so auf Augenhöhe mit meinen Mitarbeitern sein.

Zumindest Erstgenanntes ist mir, denke ich, gelungen.
Einzuschätzen wie erfolgreich ich bei letzterem Versprechen war, ist schwierig, da sich die Welt total verändert hat, deutlich schneller, komplexer und unsicherer geworden ist. Definitiv kann ich heute als Geschäftsführer meinen Mitarbeitern nie das Wasser auf Ebene Datenbank reichen. Muss ich auch nicht.

Ich versuche jedoch, genauso wie mein GF damals mir einer war, meinen Mitarbeitern ein Sparringspartner auf Augenhöhe zu sein. Es hat mich damals einerseits unglaublich angespornt, besser zu werden und andererseits hat es mir auch die Sicherheit gegeben, dass ein zweites Netz da ist, das mich auffängt, wenn ich Mist baue.

Zwar hat es ein wenig geschmerzt, in einem Termin bei der Geschäftsführung so zerlegt zu werden, jedoch hat mich diese Erfahrung wahrscheinlich ein gutes Stück weiter gebracht in meiner eigenen Entwicklung.

Auch hier war ich damals nicht so weit, wie ich dachte und es war mit Sicherheit gut so, dass mein damaliger Chefchef das auch so gesehen hat.

EEK#9 – Sicherheit & Augenhöhe
– Erlebnis-Erfahrung-Konsequenz #9

09. März 2020

Erlebnis #9
Mitarbeiter bringen einen manchmal an die Grenze der Gelassenheit.

Erfahrung #9
Durch Testen der Grenzen können Mitarbeiter und auch Kinder lernen.

Konsequenz #9
Konsequenz (und die Sicherheit, dass man da ist, auch wenn es mal weh tut) ist eine Tugend.

Corona – es ist still geworden draußen

29. März 2020

Seit einigen Wochen hat uns die Corona-Krise fest am Kragen. Ein Virus aus der Familie der Gekrönten verursacht die ansteckende Krankheit COVID-19.
Veranstaltungen und öffentliche Versammlungen sind verboten, viele Unternehmen und Läden haben geschlossen und ein Großteil Mitarbeiter, denen dies möglich ist, arbeiten von Zuhause.
Menschen verlassen ihre Häuser und Wohnungen aus Angst vor Ansteckung nur noch für das absolut Nötigste.

Auch in unserer Familie verbringen wir die meiste Zeit zuhause. Wir gehören zu den Glücklichen, die recht komfortabel in einem eigenem Haus mit Garten am Ortsrand leben. Zuhause bedeutet für uns also zwar Action, denn wenn vier Kinder, AuPair, die Hunde und ein Alpha-Pärchen gezwungenermaßen viel Zeit auf „engem" Raum miteinander verbringen dürfen, ist Leben in der Bude vorprogrammiert. Allerdings lässt sich dies natürlich auf dem Land auf knapp 200qm plus Terrasse und Garten deutlich angenehmer aushalten als in einer 90qm Großstadtwohnung ohne Balkon.

Auch das Arbeiten im Homeoffice hat sich nach den ersten Tagen in der zweiten Woche gut eingeschwungen – der Kalender ist wieder randvoll. Statt in Konferenzräumen oder am Besprechungstisch in meinem Büro, sitze ich jetzt im Kinderzimmer meines ältesten Sohnes an seinem Kinderschreibtisch. Nach den ersten Tagen auf seinem Kinderschreibtischstuhl, habe ich mir einen Wippstuhl vom Esszimmertisch im Erdgeschoss ein Stockwerk höher getragen, was zu einer deutlichen Verbesserung des Wohlbefindens im jeweilig letzten Drittel des Homeoffice-Tages geführt hat.
Nach den nächsten Tagen habe ich mir dann seinen feuerroten Sitzsack als Fußstütze halb unter den Schreibtisch gezogen. Sieht in Kombination mit den knallblauen Schubladen und Türen des IKEA-Schreibtisches erstens cool aus und lässt mich zweitens entspannter vor meinem Laptop und Bildschirm im Homeoffice Kinderzimmer sitzen.

Eine weitere Erkenntnis der ersten Tage permanentem Homeoffice war, dass ich weniger Pausen in meinen Bürotag hatte. Der Smalltalk vor oder nach einem Meeting oder Wie-war-das-Wochenende an der Kaffee-maschine findet virtuell eben weniger statt. Dies lässt sich deutlich an der Anzahl getrunkener Kaffee ablesen.
Vielleicht ist das ein neuer KPI in Zeiten von NewWork und Homeoffice?!
Während ich im Laufe eines normalen Bürotages bis am frühen Nachmittag eigentlich bei jeder Besprechung einen Kaffee trinke, stellte meine Frau an einem der ersten Tage zuhause fest: Hast du dir heute überhaupt einen Kaffee geholt?

Wir sind also nach den ersten Tagen dazu übergegangen bewusst auch Pausen und kurze Auszeit-Momente einzubauen.

Hierzu gehört auch ein neuer Regeltermin normalerweise zwischen 11:30h und 13:00h, zu dem ich meine Frau eingeladen habe. Wir packen die zwei Kleinen in den Thule und laufen mit den Hunden eine große Runde über die direkt am Haus angrenzenden Felder.

...ein weiterer Vorteil eines Hauses auf dem Land am Ortsrand.
In den letzten Tagen ...

...meine Frau ruft zu dieser Runde über die Felder. Ich sollte mich später daran erinnern, dass ich eigentlich nicht über die Situation im Homeoffice drinnen sondern über die angenehme, natürliche Stille draußen schreiben wollte.

Bis später.

In den letzten Tagen waren wir viel spazieren. Direkt hinter unserem Haus beginnen Felder und dazwischen verlaufen geteerte Wege, die auch als Fahrrad und Wanderwege dienen. Oft wurde ich auf den langen Runden mit unserem Hund an meine Kindheit erinnert.

Wir waren als Kinder viel auf den umliegenden Feldern und in den Wäldern. Der Geruch der Felder je nach Jahreszeit aber vor allem die Geräusche waren ganz besonders: Stille, nur sanft unterbrochen durch Vogelgezwitscher in der Ferne...

Lange hatte ich das so rein nicht mehr gehört, denn irgendwo fuhr irgendwie immer irgendein Gefährt, sodass es nie so still und klar war.
In den letzten Tagen ist mir diese besondere Geräuschkulisse wieder bewusst aufgefallen. Es ist still geworden draußen. Nur die Vögel zwitschern in der Ferne, als ob sie froh wären, mal wieder ganz für sich zu sein.

Während ich dastehe und durch den Geruch und das Vogelgezwitscher an meine wunderbare Kindheit denke, kommt mir dazu ein Gedanke:
Das ist auch Teil von Resilienz: Still werden und sich auf die Dinge konzentrieren, die uns stärker werden lassen.
Zu Resilienz vielleicht später mehr.

Stille gehörte in früheren Zeiten zur Normalität, zu nahezu jeder Tages- und Nachtzeit zwischendurch. Heutzutage war es oft nur dann still, wenn wir schlafen wollten und selbst dann mussten wir für vollkommene Stille die Fenster schließen. In der Stille erholt sich der Körper und auch der Geist während dieser Ruhephase. Vergangenes wird verarbeitet und im Idealfall

werden so aus Erlebnissen Erfahrungen, die uns nach dem Aufwachen in Konsequenz stärker werden lassen.
Für mich war das Erleben der Stille zwischen den vielen Telefonaten, Telefonkonferenzen, Webex- und Teammeetings eine sehr schöne Erfahrung.

Einerseits hat es mich an meine Kindheit erinnert und anderseits daran, wie wichtig Resilienz in so einer Krise ist. Rückbesinnung auf das Wesentliche. Stille und Vogelgezwitscher ist so wenig und gleichzeitig so unglaublich viel.
Stark.

EEK#10 – Stille
– Erlebnis-Erfahrung-Konsequenz #10

29. März 2020

Erlebnis #10

Das Vogelgezwitscher in der Ferne als einziges Geräusch während um einen herum nur Felder und Landschaft sind, kann sehr schön und leider heutzutage sehr selten sein.

Erfahrung #10

Stille ist etwas wunderbares und öfters nötig als man glaubt.

Konsequenz #10

Stille sollte wieder mehr zur Normalität werden, da sie uns stärker macht.

Runde über die Felder – Power of a Walk

17. März 2021
– Ergänzung ein Jahr später

Am 07. März 2020, dem Tag unserer ersten gemeinsamen „Runde über die Felder" konnten meine Frau und ich vieles von dem was wir seither erlebt haben nicht ahnen:

Gestern vor einem Jahr haben wir aufgrund der ausgebrochenen Pandemie COVID19 alle Mitarbeiter, die nicht für die Aufrechterhaltung des Geschäftsbetrieb vor-Ort notwendig sind, ins Homeoffice, ins mobile Arbeiten, geschickt. Und dort sind viele von uns auch heute noch.

Die Pandemie hat unser (Arbeits-)Leben grundlegend verändert. Schlagartig hat die Digitalisierung in der Art, wie wir leben und arbeiten müssen, sollen und dürfen, einen Quantensprung gemacht. Viele der damit einhergehenden Entwicklungen sind mit meiner Brille als IT-Manager selbstverständlich zu begrüßen, und auch aus dem Blickwinkel moderne Art der (Zusammen-) Arbeit und NewWork ein Glücksfall, ein Wozu? dieser Corona-Krise, hierzu mehr im nächsten Kapitel.

Unter anderem jedoch aus rein menschlichen Aspekten betrachtet, hat diese Krise viele Notwendigkeiten für den Menschen und für die Seele schwierig gemacht.

Eine dieser Notwendigkeiten ist das Schöpfen von Kraft und Energie aus dem Miteinander und dem Feedback, das wir uns geben können, wenn wir Menschen physisch aufeinander treffen und miteinander arbeiten, uns austauschen, uns sehen.

Die anhaltende Pandemie hat eine komplette Ebene der Kommunikation, eine Kraft- und Motivationsquelle radikal eingeschränkt – das nonverbale Miteinander.

Wir waren gezwungen, uns auf diese Veränderung einzustellen und uns neue Wege zu suchen. Durch das Gehen der ersten Runde über die Felder am 07. März 2020, haben

meine Frau und ich zumindest eine neue Quelle gefunden: The Power of a Walk
Seit nunmehr fast einem Jahr sind Morgen-, Mittags- und Abendspaziergänge (mit den Hunden) zu einem festen Bestandteil in meinem Corona-Homeoffice-Alltag geworden. Dabei sind nicht nur viele Momente und Bilder entstanden, die ab und an zu einem Guten-Morgen-Post im TEAMS des Team werden, sondern auch viele gute Ideen, #gesundermenschenverstand, #achtsamkeit und -
sofern es die Bestimmungen zuließen - ein neues Meeting Format:
#businesswalk:
...auf einer Runde mit Abstand zu zweit zusammen brainstormen, Sparring betreiben, zuhören, Feedback geben und bekommen und gleichzeitig #seelebaumeln im Business.

Eine neue Art mit der Situation umzugehen und eine neue Art Kraft zu schöpfen.

Deborah Grayson Riegel hat die Power of a Walk in ihrem Beitrag „Don't Underestimate the Power of a Walk" im Harvard Business Review (02. Februar 2021) treffend beschrieben:

„Gehen ist eine der einfachsten und gleichzeitig strategischsten Dinge, die man für sich selbst tun kann. Null Vorbereitung, nahezu keine Ausrüstung und so kurz oder lange wie es eben gerade geht. ...und gesund ist es sogar auch noch.“
(Grayson Riegel, 2021)

Was die meisten jedoch nicht wissen ist, dass das Gehirn bei einem Spaziergang unglaubliche Dinge für sich selbst, unsere Gedanken und damit für uns tut.

Wir durften das im letzten Jahr live erleben. Und so habe ich kurzerhand – unter allen gebotenen Vorsichts- und Vorschriftsmaßnahmen dies auch als Meeting-Format, trotz Corona, im Job eingeführt.
Auch geschäftliche Themen lassen sich sehr gut bei einem Spaziergang zu zweit, ganz ohne Laptop, Handy und Powerpoint-Präsentationen, besprechen, weil wir einander aktiv zuhören müssen.

So haben wir in dieser Krise etwas Schönes wiederentdeckt: Zuhören und miteinander reden.

EEK#11 – Kleine Dinge
– Erlebnis-Erfahrung-Konsequenz #11

17. März 2020

Erlebnis #11

Spazierengehen ist nicht nur etwas für ältere Leute.

Erfahrung #11

Eine total einfache Sache kann eine große und unerwartete Wirkung entfalten.

Konsequenz #11

Niemals die Wirkung von kleinen und einfachen Dingen unterschätzen, die regelmäßig wiederholt werden.

Krise – ‚Warum?' oder ‚Wozu?'

29. März 2020

Entsteht eine Krise, in welcher Form auch immer, stellen Menschen sehr oft die Frage ‚Warum?'.
‚Warum passiert das ausgerechnet mir, uns, meiner Familie?'
‚Warum ausgerechnet jetzt?'
‚Warum nicht...?'
‚Wenn es anders gewesen wäre hätte ich doch, dann würde...'

Hätte-hätte-Fahrradkette.

‚Warum?' ist in vielen Fällen eine rückwärts gerichtete Frage. Die Beantwortung wird in der Regel lediglich die Ursachen für irgendeine Situation beschreiben oder einen Schuldigen oder eine Schuldige identifizieren. Wissenschaftlich und / oder wirtschaftlich betrachtet, macht die Erforschung kausaler Zusammenhänge und damit die Beantwortung von ‚Warum?' selbstverständlich durchaus Sinn. Darum geht es hier aber nicht.

Akademische Psychoanalytiker würden mir jetzt wahrscheinlich auch vehement widersprechen, dennoch:
Unter halbwegs normalen Rahmenbedingungen, in Situationen, in denen es um menschliche Entscheidungen geht, bringt uns die Beantwortung der Frage Warum? keinen Meter voran.

Die Richtung in der Betrachtungsweise macht einen Unterschied bei der Beantwortung aller Fragen, die wir uns stellen:

Verwenden wir doch anstelle von ‚Warum?' einfach mal ‚Wozu?'. Schon bei der Formulierung der Frage merken wir, dass damit eine ganz andere Einstellung und Haltung verbunden ist.
‚Wozu kann es gut sein, dass dies ausgerechnet mir, uns, meiner Familie passiert?'
‚Wozu kann es gut sein, ausgerechnet jetzt?'
‚Wenn es dazu gut ist, könnte ich ja..., dann könnten wir auch..., könnte-ja-sein.'

Im Ergebnis eröffnen sich plötzlich nach Vorne gerichtete Handlungs- oder Lösungsansätze.

Beide Fragen eignen sich zur Beurteilung einer Situation oder Informationslage. Während ‚Warum?' in die Vergangenheit gerichtet, versucht zu erklären wie es zu einer Situation gekommen ist, blickt Wozu?' in die Zukunft und beschäftigt sich mit den Konsequenzen oder auch den Möglichkeiten, die aus der Situation entstehen können.

Bewusst eingesetzt wird ‚Wozu?' immer zu einem konstruktiven Fortschreiten führen.
Die Erlebnisse bleiben die gleichen. Ab dem Zeitpunkt der Fragestellung von ‚Warum?' oder aber ‚Wozu?', gehen die Erfahrungen jedoch gravierend auseinander. Die Konsequenzen daraus werden in den meisten Fällen ebenfalls unterschiedlich sein.

‚Wozu?' verändert die Bewertung der Lage und abhängig von der Bewertung der Lage treffen wir die für uns hoffentlich richtigen Entscheidungen, auch wenn das Ende des Weges nicht sichtbar ist.

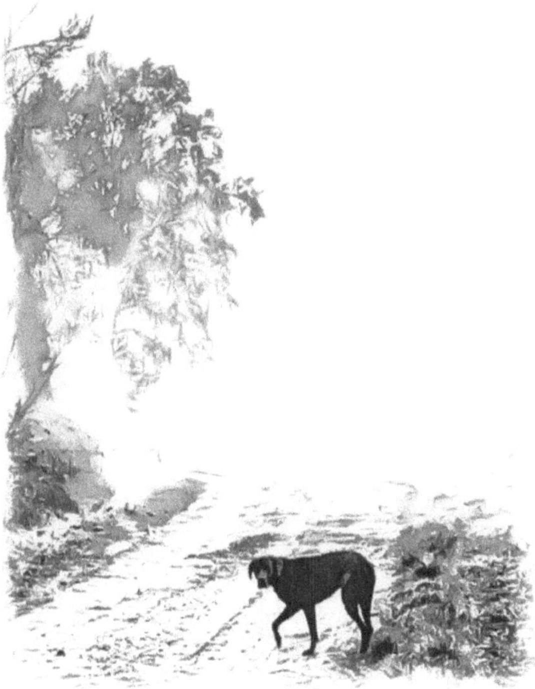

EEK#12 – ‚Wozu?'
– Erlebnis-Erfahrung-Konsequenz #12

29. März 2020

Erlebnis #12
In einer Krise stellen Menschen in der Regel zuerst die Frage ‚Warum?'

Erfahrung #12
Warum? ist oft eine rückwärts gerichtete Frage. Analog anzuwenden, jedoch besser geeignet, da nach vorne gerichtet ist ‚Wozu?'.

Konsequenz #12
Nach vorne schauen und wenn möglich ‚Wozu?' fragen, um Lösungsansätze zu finden.

Ein Glas voller Steine – Lektion für's Leben

02. Dezember 2020

Seit März ähneln sich die Tage, wir haben uns einem neuen Corona-Trott ergeben. Arbeit und Privatleben verschwimmen durch die Homeoffice-Situation immer mehr. Ist ja irgendwie auch normal, wenn beide Leben nur noch fünf Meter Luftlinie auseinander liegen.

Private Kontakte zu pflegen ist zwar durch den Einsatz diverser Apps mit Video- und eingebauter Uno-Spiel-Funktion einfacher geworden, wenn man auch vorher schon kein großer Telefonist war, macht das jedoch nach zehn Stunden Teams-Konferenzen im Homeoffice trotz einer halben Flasche Wein, immer noch keinen großen Spaß.

Heute hat mich dennoch ein Freund während eines langen SMS-Chats an eine Geschichte erinnert, die für mich in meinem Leben ganz entscheidend war und viel mit ‚Wozu?' zu tun hat.

Wenn man die Frage ‚Wozu?' etwas weiter denkt und sich bewusst macht, dass man in die Zukunft gesehen Dinge verändern kann, dann kann man sich die Frage stellen:
‚Wofür?' gebe ich mir Zeit?

...oder was brauche ich im Leben, damit sich die Dinge so verändern, dass es gut so ist. Was ist mir wichtig? Dies zu reflektieren kann die Dinge – kann das Leben – gravierend verändern:
Ich war 2012 in einer großen Krise. Im Volksmund würde man sagen "ich hatte Burnout". Medizinisch gesehen, Diagnose „(Stressbedingte) Depression".

Rien ne vas plus – nichts ging mehr...

Ich war etliche Wochen krank geschrieben, habe viel zum Thema Stress- und Burnoutprävention gelesen, kam jedoch selbst nicht mehr aus der Spirale heraus. Ich brauchte Hilfe.
Also suchte ich jemanden, der mir helfen konnte. Ich fand diesen Jemanden in einer Gesprächstherapie, in meinem „Mr. Miyagi", wie ich ihn in Erzählungen immer nenne. Selbstverständlich handelte es sich nicht um

Pat Morita, ich war ja auch nicht Karate Kid. Aber dieser jemand hat mir als seinen Schützling in ähnlicher Weise geholfen wie Mr. Miyagi seinem Daniel in dem Film. Und mein Mr. Miyagi sieht äußerlich aufgrund seiner genetischen Wurzeln zudem ähnlich aus: Ich fand Hilfe bei dem Arzt, Psychiater und Psychologen, Dr. Hartanto.

Nachdem wir in den ersten Gesprächen schnell einen Draht zueinander gefunden hatten, erzählte er mir eine Geschichte, die ich seitdem nie vergessen habe. Es handelt sich um eine Anekdote von Stephen R. Covey. Er erzählte Sie mir mit einem Blumentopf, im Original dreht sich alles um ein Glas:

„Ein Philosophieprofessor eröffnete seine Vorlesung mit folgenden Worten: "Es geht heute um das Thema "Zeitmanagement" und wir werden dazu ein Experiment machen".

Er nahm ein Goldfischglas, stellte es auf den Tisch und füllte es mit einigen großen

Steinen, bis kein weiterer mehr hineinpasste. Nun blickte er in die Runde und fragte: "Ist das Glas voll?"

Die Studenten antworteten im Chor: "Ja!"

"Wirklich?"

Der Professor nahm eine Schachtel, öffnete sie und kippte vorsichtig Kieselsteine in das Glas und schüttelte es dabei leicht. Der Kies füllte die Zwischenräume zwischen den großen Steinen. Dann blickte er wieder in die Runde und fragte erneut: "Ist dieses Glas voll?".

Dieses Mal durchschauten die Studenten sein Spielchen. Einer davon antwortete: "Sehr wahrscheinlich nicht!"

"Gut", antwortete der Professor. Nun nahm er einen Beutel, öffnete ihn und

begann behutsam Sand in das Glas zu schütten. Der Sand füllte die Löcher zwischen den Steinen und dem Kies. Er blickte dann auf seine Gruppe und fragte: "Welche Erkenntnis lässt sich mit diesem Experiment demonstrieren?"

Ein Student, nachdem er über das Thema des Kurses nachgedacht hatte, antwortete: "Das beweist, dass auch wenn man glaubt, die Agenda sei vollständig voll, man dennoch immer neue Termine hinzufügen kann, wenn man wirklich will".

"Nein", antwortete der Professor, "genau das bedeutet es nicht. Die Erkenntnis, die wir aus diesem Experiment gewinnen können, ist die folgende:

Wenn man nicht zuallererst die großen Steine in das Glas legt, finden sie später keinen Platz mehr!"

Die Studenten schwiegen und dachten über diese Aussage nach.

Dann fragte der Professor: "Welches sind denn die großen Steine in Euren Leben?

Gesundheit, Familie, Kinder, Freunde, Träume, lernen, lachen, sich verwirklichen ...Oder was ist es für Euch?

Macht Euch bewusst, wie wichtig diese großen Steine in Eurem Leben sind! Wenn man sie nicht zuallererst in sein Leben bringt, läuft man Gefahr, unglücklich und unzufrieden zu sein. Wenn man den unbedeutenden und kleinen Dingen im Leben (also dem Kies oder gar dem Sand) den Vorrang gibt, füllt man sein Leben mit Nichtigkeiten.

So wird uns schnell die kostbare Zeit fehlen, uns den wirklich wichtigen Dingen in unserem Leben zu widmen. Also vergesst nicht, Euch die Frage zu stellen: Welches sind die großen Steine meines Lebens? Danach legt Ihr sie bewusst zuallererst in Euer Glas."

Rückblickend betrachtet war der Moment, in dem mir mein Mr. Miyagi diese Geschichte erzählte, und ich begriff, wie die Füllung meines damaligen Glases aussah, der entscheidende Moment, um wieder gesund zu werden.
Die Füllung meines Glases, der Inhalt meines Lebens, war eine ungesunde Mischung, die zu wenig Raum für die mir wesentlichen, für die für mich notwendigen Dinge gelassen hat.
Es war ein Moment, in dem ALLES begann sich zu verändern.

Diese Erlebnis war sehr befreiend , hat jedoch auch gleichzeitig sehr weh getan. Es bescherte mir die Erfahrung, dass mich einige der Entscheidungen in meinem Leben auf Holzwege geführt haben.

„Ich hatte mich im Job verlaufen, kam jedoch oberflächlich betrachtet gut voran."

Ich hatte mich auch privat in schwieriges Fahrwasser gebracht, weil ich der Realität nicht ins Auge sehen konnte. Ich flüchtete mich in jede Art von Arbeit, nur um nicht im Hier und Jetzt sein zu müssen, und zu erkennen, dass einige Ideen bezüglich meines Lebensplanes gehörig in die Hose gegangen waren.

Dies tat im gleichen Moment gut, weil ich beginnen konnte, mein Glas des Lebens richtig anzusehen, und es machte mich natürlich auch traurig. Es war klar, dass ich die Erwartung einiger mir nahestehenden Menschen nicht erfüllen konnte, wenn ich nachhaltig gesund und glücklich werden wollte. Ich musste im Verlauf Entscheidungen treffen, die nicht nur mir weh getan haben. Insbesondere wenn es um einen selbst oder die eigenen Kinder geht, ist das Gefühl des Scheiterns in jeder Beziehung eine im ersten Moment äußerst schmerzhafte Erfahrung.

Rückblickend betrachtet habe ich damals begonnen, Schritt für Schritt mein Glas des Lebens auszuräumen. Natürlich war für mich in der nachfolgenden Zeit nicht jede Veränderung ein bewusster Schritt des "Ausräumens" von Kieselsteinen, Sand & Co. Doch durch das bewusste, nachhaltige Nachdenken darüber, was welchen Raum in meinem Leben einnehmen sollte, damit es mir gut geht – damit ich glücklich bin – hat sich mein Leben gravierend verändert.

...nach knapp drei Jahren hatte ich einen anderen Job, meine erste Ehe beendet, ein komplett neues Kapitel begonnen, eine neue Beziehung gestartet UND:

Ich fühlte mich seit Langem wieder Zuhause.

Ich fühlte mich dank Mr. Miyagi wie Daniel, der nach schmerzhaftem Training den Kranich auf einem Holzpfosten beherrscht.

Manchmal ist es besser, durch Wunden Schmerzen zu erdulden und auch die ein oder andere Narbe davon zu tragen. Auch Operationen hinterlassen oft Narben, sind oftmals jedoch notwendig, um gesund zu werden.

DEIN LEBEN...
Der Tag, an dem Du ALLES verändern kannst, beginnt jeden Morgen neu...

EEK#13 – Steine
– Erlebnis-Erfahrung-Konsequenz #13

02. Dezember 2020

Erlebnis #13

Eine ungesunde Mischung an Inhalten im Glas des Lebens macht krank.

Erfahrung #13

Manche Erkenntnis muss weh tun.
Eine kleine Geschichte zur richtigen Zeit kann ALLES verändern, es ist nie zu spät und kann jeden Tag beginnen.

Konsequenz #13

Hin und wieder prüfen, welche Inhalte welchen Raum im Leben einnehmen, und ob die Wesentlichen, die Größten sind.

Burnout – rien ne va plus

17. März 2021

In den letzten Wochen konnte ich relativ wenig schreiben. Die Vorbereitung eines dreimonatigen Sabbaticals im Job hat mich natürlich Zeit und einiges an (Kopf-)Arbeit gekostet, die mir dann bei einer Frage fehlten, die ich beantworten musste, bevor ich weiterschrieb.
Die Ideen zu diesem Buch hatten mich an den Punkt geführt, an dem ich mich gefragt habe, wie viel „drinnen ich nach draußen" kehren will, und wieviel an Konsequenzen und Rückmeldung hierzu ich dann bereit bin, auszuhalten.

Ich habe diese Frage nun beantwortet.
Ich habe in 20 Jahren Vater und Manager einiges an Erlebnissen und Erfahrungen machen dürfen. Dieses Büchlein würde es nicht geben, wenn nicht. Ein Teil meines ‚Wozu?' ist sicher, dass mich alle meiner EEK zu dem gemacht haben, was ich bin. Das Leben und die Lebenserfahrung hat mich für die ein oder andere neue Situation trainiert.

Dieses Buch soll deshalb auch nicht der nächste Ratgeber „Management für Dummies in Zeiten von NewWork, Homeoffice & Corona" werden.

Wahrscheinlich sind die folgenden Kapitel aus diesem Grund auch ein wenig anders als die davor. Irgendwie passt das ja aber auch. Jede Phase und jedes Kapitel in unserem Leben ist ja auch anders. Situationen verändern sich, Erlebnisse prägen uns, Erfahrungen machen uns reicher und in Konsequenz schreiben wir neue Kapitel unseres Lebens auch etwas anders als die davor.

Im Jahr 2012 war ich also an einem Punkt angekommen, an dem nichts mehr, ok, fast gar nichts mehr ging. Ich hatte Herzrasen in alltäglichen Situationen. Ich wachte auf und hatte das Gefühl zu erschrecken – mit dem Unterschied, dass dieses Gefühl nicht wie bei einem echten Schreck relativ schnell wieder nachließ. Es blieb, permanent.

Nach viel Diagnostik attestierte mir mein Hausarzt mit Ausnahme deutlich erhöhter Leberwerte, dass ich körperlich gesund war. Die Leberwerte konnte ich mir gut erklären, sind erhöhte Leberwerte doch relativ normal, wenn man über Monate jeden Abend eine Flasche Rotwein zum Einschlafen braucht...

Die Diagnose lautete:
(Stressbedingte) Depression.

Würde die „International Statistical Classification of Diseases and Related Health Problems" der WHO (ICD-10) dafür einen Diagnoseschlüssel beinhalten, hätte die Diagnose Burnout geheißen.

Burnout war und ist jedoch laut WHO keine Krankheit. Und auch wenn sich medizinisches und psychologisches Fachpersonal, Ärzte und Wissenschaftler nach wie vor darüber streiten, ob dies richtig ist oder nicht:

Ich war krank. Ich war psychisch angeschlagen und wurde dadurch auch körperlich krank.

Ich befasste mich also intensiv mit dem Thema Burnout, in erster Linie hauptsächlich deshalb, um nach erfolgreicher Therapie zu vermeiden, nochmals in die gleiche Situation zu kommen.

Stressbedingte Depression – meine Seele war krank.

Nicht nur die Symptome dieser Krankheit fühlten sich beschissen an, auch die Erkenntnis, dass ich sie hatte, war alles andere als ein erbauliches Gefühl.

Ich?! Der, der alles hinbekommt?! Aufgrund von Stress? Im Ernst?!

Ja, im Ernst!

In dieser Situation lohnte sich ausnahmsweise auch mal die Beantwortung von Warum? Für mich.

Stress...
...hat jeder. Jedoch ist nicht jeder Stress negativ.
Job, Alltag, Kinder, Corona, Covid-19, Homeschooling, Projekte, Zeitdruck, Leistungsdruck, Erwartungen, mobiles Arbeiten...
...kennt mittlerweile in diesen besonderen Zeiten jeder. Nicht jeder kann gleich gut damit umgehen.

Stress wird erst dann negativ, wenn wir zu wenig Ressourcen, Kraft und Ausgeglichenheit haben, damit umzugehen. Negativer Stress, der lange andauert, ist ungesund.

Stress ist die Folge der Einwirkung von äußeren oder auch inneren Anforderungen – Stressoren.
Der Körper schüttet dementsprechend Stresshormone (u.a. Noradrenalin und Cortisol) aus. Er gibt dem Körper damit das Signal, Ressourcen und Energie bereit zu stellen.
Die Konzentration dieser Stress-Hormone bestimmt unseren Stresspegel.

Das ist ja erstmal auch ok.
Solange wir genug Energie in unserem „Akku" haben ist dies sinnvoll. Die Energie ist allerdings begrenzt und selbstverständlich kann es nachteilige Folgen haben, wenn wir längerfristig überstressen - Überlast.
Ab einem gewissen Stresspegel übernimmt das Stammhirn die Kontrolle, das nur Angriff, Flucht oder Schock kennt. In diesem Zusammenspiel fährt das Stammhirn das Großhirn runter, um Energie zu sparen.

Unsere geistigen Fähigkeiten und die Fähigkeiten gegen Stressauslöser vorzugehen sinken – ein Teufelskreis für Stressbalance, die Spirale beginnt.

Die Frage ist also, was man gegen diese Spirale tun kann.
Ein Gleichgewicht aus Anspannungs- und Entspannungsphasen erhält die Leistungsfähigkeit und bricht den Teufelskreis.

In dem ständigen Wechsel zwischen An- und Entspannung, ist die Fähigkeit zur Resilienz ein entscheidender Faktor.

Resilienz (lateinisch resilire ‚zurückspringen' ‚abprallen') ist der Prozess, in dem wir auf Herausforderungen und Veränderungen mit Anpassung unseres Verhaltens reagieren, um wieder in den Normalzustand zu kommen.

Dieser Prozess umfasst Einflussfaktoren, die Resilienz erfordern (z.B. negativer Stress, Traumata), Faktoren, die Resilienz begünstigen (z.B. Ressourcen) und Konsequenzen (z.B. Veränderungen im Verhalten oder in Einstellungen).

In der Medizin und in diesem Zusammenhang: Aufrechterhaltung beziehungsweise rasche Wiederherstellung der psychischen Gesundheit während oder nach stressvollen Lebensumständen.

Das Gegenteil von Resilienz ist Verwundbarkeit (Vulnerabilität).

Ein Missverhältnis aus Anspannungs- und Entspannungsphasen kann langfristig zu psychischen und/oder physischen Problemen bis hin zur völligen Erschöpfung dem sog. Burnout gehen. Das Problem dabei ist: Es erfolgt oft schleichend und unbemerkt.

Die eigenen Grenzen werden anfangs bewusst, später unbewusst immer weiter in ein Terrain gesetzt, in dem es uns Menschen irgendwann an die Substanz geht. Wir können die Energie nicht mehr aus unserem Akku schöpfen.
Genau das hatte ich zwischen 2010 und 2012 zu oft und zu lange getan. Burnout hat mich dadurch zwar lautlos schleichend, am Ende jedoch recht brutal erwischt.

Ich hatte alle Signale wider besserem Wissens überhört. Ich hatte meine Grenzen immer weiter verschoben, meine Bedürfnisse zurückgestellt. ‚Ging ja nicht anders', dachte ich, , muss ja', sagte ich mir und allen anderen.

Nach Herbert Freudenberger und seiner Kollegin Gail North entwickelt sich ein Burnout in zwölf Phasen (DGPG - Deutsche Gesellschaft für Prävention & Gesundheitsförderung, 2021), die so oder so ähnlich sein können. Deren Fragen und Aussagen haben mich im Nachhinein etwas erschreckt, weil ich einige davon damals so oder so ähnlich getroffen habe und alle Fragen so oder so ähnlich damals gestellt habe:

...Ehrgeiz: Ich muss mich beweisen.
...Einsatz: Es geht noch mehr.
...eigene Bedürfnisse: Nicht so wichtig.
...Konflikte: Geht halt aktuell nicht anders.
...Werte: Ist mir nicht mehr so wichtig.
...Probleme: Die anderen sind schuld.
...Rückzug: Lasst mir meine Ruhe.
...Verhalten: Was wollt ihr von mir?
...Persönlichkeit: Was macht mich aus?
...Leere: Was soll das alles hier?
...Depression: Macht mein Leben Sinn?
...Burnout: Ich kann nicht mehr.

Ich war körperlich, geistig und emotional ziemlich am Ende.

Mein Mr. Miyagi und ich mussten uns also überlegen, wie ich aus dieser Abwärts-Spirale am besten und nachhaltig wieder herauskommen sollte. Dabei ging es explizit nicht um „am schnellsten", sondern um „am besten nachhaltig"...

In der Stress- und Burnout-Prävention finden sich deshalb neben diversen anderen vor allem zwei Ansätze, die aus dem Stressmodell nach Lazarus abgeleitet sind:

Erstens:
Wie erhöhe ich die Energie meiner Akkus, wie erhöhe ich meine eigenen Ressourcen, um mit Stress welcher Art auch immer besser umgehen zu können?

Zweitens:
Wie stelle ich mich dem Thema Stressbewältigung, dem Coping, in dem ich problemorientiert die Situation ändern kann oder falls das nicht möglich sein sollte, emotionsorientiert meine Einstellung zur Situation ändern kann.

...und da sind wir wieder beim Gelassenheitsgebet von Reinhold Niebuhr.

Diese beiden Fragestellungen, begleitet durch einen Profi, haben mir damals geholfen, mich aus der lautlos schleichenden Spirale Burnout herauszuarbeiten.

Darüber hinaus gab es für mich noch eine wichtige Erkenntnis, die ich viel später in einem Training für Führungskräfte lernen durfte, damals aber schon unbewusst an mir bemerkte:

Es ist die sogenannte Leistungsformel, die sich mit dem Erhalt der Leistungsfähigkeit und dem Bewusstsein der Rahmenbedingungen beschäftigt:

L=f(KVA *K * W * D)

KVA:
kurz-, mittel-, langfristige
kleine, mittlere, große Ziele
Kennen – Verstehen - Akzeptieren
K: Können
W: Wollen
D: Dürfen (von Nida, 2019)

Die Leistungsfähigkeit wird demnach mindestens genauso durch das Kennen und Verstehen der (eigenen) Ziele, wie durch Können, Wollen und Dürfen beeinflusst.

Als mir dies ein Trainer in einer Führungskräfteschulung erklärte, musste ich sofort an mein Glas voller Steine denken:
Ich musste mir erst bewusst machen, was meine Ziele sind, bevor ich wieder genesen KONNTE, Leistung bringen WOLLTE und privat und beruflich am Ende wieder DURFTE.

Das Kennen und Verstehen der Ziele führt darüber hinaus zu einer gewissen Gelassenheit, da man den Sinn und Zweck kennt. Das nennt man mittlerweile Purpose.

Neben all der Theorie und Wissenschaft durfte ich jedoch feststellen, dass es einen ganz einfachen und dennoch unglaublich wichtigen Schlüssel gibt, der wahrscheinlich den größten Effekt in der Stress- und Burnout-Prävention hat:

Darüber sprechen – von Mensch zu Mensch.

Dabei ist es erst einmal relativ egal mit wem man spricht. Hauptsache man empfindet demjenigen Menschen gegenüber Vertrauen. Dies wiederum erfordert neben oben genannter Gelassenheit oftmals Mut, denn die Hemmschwelle über eigene Gefühle oder die eigene menschliche Situation zu sprechen, ist insbesondere in vielen Unternehmenskulturen relativ hoch.

Darüber sprechen kann schon alleine dadurch, dass jemand zuhört dabei helfen die Akkus aufzuladen. Der ersten wichtige Ansatzpunkt im Rahmen der Stressprävention.
Wenn dann dabei auch Austausch und Sparring stattfindet, kann dies auch bei dem zweiten wichtigen Schlüssel helfen, nämlich der Art und Weise, wie wir die Stressbewältigung angehen. Zusammen findet man gegebenenfalls schneller eine Lösung, wie die Rahmenbedingungen geändert werden können. Sollte dies nicht möglich, sein hilft es vielleicht jedoch mindestens dabei eine andere Sicht zu bekommen.

Und auch wenn wir uns die beschriebene Leistungsformel nochmals ansehen, kann miteinander reden dabei helfen sich wieder den (eigenen) Zielen bewusst zu werden oder den Wasserstand bezüglich des eigenen Könnens, Wollens oder Dürfens zu reflektieren.

In dieser Beziehung ist also Schweigen alles andere als Gold und Reden nicht nur Silber.

Miteinander darüber reden ist Gold wert.

...und als Führungskraft oder Manager einfach mal (nach)fragen. Fragen kostet nichts.

EEK#14 – Reden
– Erlebnis-Erfahrung-Konsequenz #13

17. März 2021

Erlebnis #14

Darüber reden, miteinander sprechen, ist ein machtvoller Schlüssel für uns selbst.

Erfahrung #14

Reden ist Silber, Schweigen ist Gold, stimmt nicht immer.

Konsequenz #14

Mutig sein und so oft wie möglich privat als auch beruflich darüber sprechen, was wichtig ist und wie es einem momentan geht.

Heute habe ich die Nacht zum Tag gemacht.

Mut
– dazu stehen,. statt dazustehen

18. März 2021

Mutig sein und darüber reden ist nicht nur im Umfeld Stress- und Burnout-Prävention ein krasses Thema, sondern immer dann, wenn es darum geht etwas anders zu machen oder anders zu sein, als es schon immer war oder erwartet wird.

Mut ist in Zeiten disruptiver Veränderungen im Umfeld digitaler Transformationen wieder zu einem absoluten Hype-Thema geworden.

Der „Hardrocker der Digitalszene", Changerider, Unternehmer und Familienvater Philipp Depiereux fordert Unternehmer und Manager sogar auf, zum Weltmutführer zu werden. Er sagt, es sollten weniger Strategiepapiere für viel Geld produziert werden, sondern stattdessen sollte einfach mal gemacht werden.

Dafür braucht es natürlich Mut, weil sicher Manager und Unternehmer dann nicht mehr das machen können, was sie schon immer so gemacht haben oder was Stakeholder von ihnen erwarten. Sie können sich dann auch nicht mehr hinter sündhaft teuren und vielseitigen Papieren oder Powerpoint-Präsentationen diverser Unternehmensberatungen verstecken.

In seinem Buch „Werdet Weltmutführer. Mit Mut und neuem Mindset in die digitale Zukunft" skizziert er, dass in der heutigen Zeit in Unternehmen sich verbreitende Strategiepapiere

> *„[...]sogar noch die letzten mutigen Macher paralysieren. [...] Wer heute meint, vorhersagen zu können, wie unsere Märkte in fünf oder zehn Jahren aussehen, ist mehr Hellseherin als Expertin. Denn wir befinden uns in einer Zeit mit einer wahnsinnig hohen Veränderungsgeschwindigkeit."*

„Welt|mut|füh|rer sind Unternehmen, die mit neuem Mindset Bewährtes immer wieder hinterfragen sowie den (digitalen) Wandel aktiv vorantreiben. Sie sind bereit, ihr Geschäftsmodell und Wirken auf unsere Gesellschaft grundlegend zu verändern."
(Depiereux, 2020)

Ein Unternehmen kann nur so leistungsfähig sein wie die Menschen, die für dieses Unternehmen arbeiten. Das ist eine im Allgemeinen akzeptierte Folgerung. Dann gilt sicherlich auch, dass Unternehmen nur so veränderungsbereit und dafür eben nur so mutig sein können, wie dessen Mitarbeiter.

Was heißt eigentlich mutig sein genau?

Ich kann physisch mutig sein, wenn ich mich in einer Situation befinde, in der es für mich körperlich gefährlich werden könnte.
Bungee-Sprünge und die generelle Suche nach dem Thrill im digitalen Zeitalter ausgenommen, werden Situationen, in denen

dieses „mutig sein" natürlich geschieht immer seltener.

Häufiger erfordern moralische und soziale Themen und Situationen moralischen Mut, da selbstverständlich Meinungsäußerungen, insbesondere dann, wenn sie allgemein nicht en vogue sind, die Gefahr bergen, sozial angeprangert oder ausgegrenzt zu werden.

Und besonders diese Art von Mut braucht es oft in Unternehmen, da hier das Ausbrechen aus alten Mustern auch schnell mal das Risiko Jobverlust mit sich bringen kann.

Geht dies soweit, dass die Gefahr besteht die Persönlichkeit könnte Schaden nehmen, spricht man dann von psychologischem oder existentiellem Mut.

Der schweizer Fachpsychologe für Psychotherapie Andreas Dick beschreibt Mut unter Berücksichtigung von mehreren Aspekten:

Mut bedeutet eine Gefahr, ein Risiko oder eine Widerwärtigkeit auf sich zu nehmen oder eine Sicherheit oder Annehmlichkeit zu opfern, was möglicherweise den Tod, körperliche Verletzung, soziale Ächtung oder emotionale Entbehrungen zur Folge haben kann.

Mut ist eine mit Klugheit und Besonnenheit gewonnene Erkenntnis darüber, was in einem bestimmten Moment richtig und was falsch ist.

Mut ist Hoffnung und Zuversicht auf einen glücklichen, sinnvollen Ausgang.

Mut ist ein freier Willensentschluss.

Mut ist Motiv, das auf der Liebe beruht. (Dick, 2010)

Liebe hat etwas mit Leidenschaft zu tun. Hier wird vielleicht auch bewusst, warum großartige und neue Dinge oft erst dann entstehen, wenn jemand mit Herzblut und Leidenschaft bei der Sache ist
Durch die Leidenschaft und die Liebe zur Sache entsteht der Mut, neue Wege zu gehen.

Meines Erachtens hilft das ein wenig zu verstehen, welche Aspekte eine Rolle spielen, um selbst mutig sein zu können. ...egal ob als Manager, Vater oder als Mensch im Allgemeinen.

Freilich macht es in der Praxis für uns Menschen in den seltensten Fällen bewusst einen Unterschied, denn mutig sein zu müssen fühlt sich oft genug als schier unlösbare Herausforderung an.
Die Herausforderung wird meiner Erfahrung nach größer, wenn es darum geht uns bei einem vermeintlichen Problem auf psychischer, geistiger oder vor allem emotionaler Ebene jemand öffnen zu „müssen“.

Noch schlimmer wird es in der Regel, wenn unser vermeintliches Problem in der Gesellschaft nicht anerkannt oder als Schwäche stigmatisiert ist.

Wir müssen uns dann nicht nur öffnen, was Vertrauen erfordert, sondern dann müssen wir auch noch das Risiko eingehen, als schwach abgestempelt zu werden oder als Versager dazustehen.

Gerade im Umfeld psychischer Krankheiten wie Depressionen oder Burnout, erleben wir nach wie vor in großen Teilen unser Leistungsgesellschaft und auch in leistungsorientierten Unternehmen, eine unterschwellige Wertung. Häufig wird Burnout – bewusst oder unbewusst – als Schwäche gewertet. Dies Wertung wird für den Betroffenen zu einem latenten Vorwurf – zwischen den Zeilen – zu schwach zu sein oder etwas falsch gemacht zu haben, als Versager dazustehen.

Stattdessen könnten wir aus Leidenschaft und Liebe zu uns selbst auch mutig sein, neue Wege gehen und statt dem Gedanken „(wie ein Versager) dazustehen", einen anderen Gedanken fassen und „dazustehen" einfach trennen:
Wir könnten dazu stehen.
Wir könnten zu uns selbst stehen.

Ja, jeder Mensch kann zu sich, kann dazu stehen.

Ja, jeder Mensch kann dazu stehen aufgrund diverser (Einfluss-)Faktoren in ein gesundheitliches Problem zu laufen.

Ja, jeder Mensch kann dazu stehen, dass er mit einem anderen Menschen, zu dem er Vertrauen haben kann, darüber spricht, wie sich die Situation anfühlt.

Ja, jeder Mensch kann dazu stehen, darüber zu sprechen was helfen könnte, diese gesundheitlichen Probleme zu beheben oder noch besser zu einem frühen Zeitpunkt gar nicht erst entstehen zu lassen.

Dazu stehen – statt dazustehen!

Aus eigener und auch aus begleitender Erfahrung in verschiedensten Lebensbereichen, schadet es meines Erachtens in den seltensten Fällen über die eigene Situation, die eigenen Herausforderungen und auch die eigenen Gefühle zu sprechen.

Meist verändert sich dadurch sofort die eigene Wahrnehmung, oft entsteht dadurch in vielerlei Hinsicht wertvoller Austausch und manchmal auch die Erkenntnis, dass es keine schlechte Idee ist, das Umfeld oder aber mindestens unsere Einstellung zum Umfeld zu ändern.

Durch Mut entstehen neue, großartige Chancen.
In den letzten Tagen schreibe ich hin und wieder in kleinen Pausen zwischendurch und am Abend und muss ein wenig schmunzeln: Beim wievielten Kapitel wäre ich wohl, wenn ich tatsächlich nur beim Schlafenlegen der Kids Gedanken zu Papier gebracht hätte?

...alle Kids schlafen lange - und meine Frau hinter mir auf der Couch auch.

Gute Nacht.

EEK#15 – Mut
– Erlebnis-Erfahrung-Konsequenz #14

18. März 2021

Erlebnis #15

Darüber reden bedarf oft einer großen Portion Mut.

Erfahrung #15

Vertrauen und mutig zu sein, heißt zu einem selbst zu stehen und triggert in den meisten Fällen direkt positive Veränderungen.

Konsequenz #15

Vertrauen und mutig sein sollten normales Verhalten sein.

Ritter Ragnar, der Drache und das Harvard-Konzept – Vater & Manager #5

20. März 2021

An einem Abend in den letzten Tagen habe ich meiner Tochter mal wieder, wie so oft aus „Das große Buch der 365 Gutenacht-Geschichten“, die Geschichte vom Ritter Ragnar und dem Drachen vorgelesen.

Auch in dieser Geschichte geht es gewissermaßen darum, mutig zu sein. Von einem Ritter erwartet man schließlich, dass er mutig genug ist, gegen den Drachen anzutreten und mit ihm zu kämpfen.

Die Geschichte stammt von Ulrike Rogler und geht so:

„Komm heraus, du furchterregender, feuerspeiender und stinkender Drache!“ ruft der furchtlose Ritter Ragnar. Mit erhobenem Schwert steht er vor der Drachenhöhle.

Nichts passiert.

Er ruft wieder: „Komm heraus, du angsteinflößendes Ungetüm.“ Da ertönt eine Stimme aus der Drachenhöhle: „Nein!“ – „Doch!“, ruft der Ritter. „Nein!“, kommt wieder die Stimme von drinnen.“ „Warum nicht?“, will der Ritter wissen. „Ich habe keine Lust. Immer kämpfen, kämpfen – das ist so langweilig.“

Der furchtlose Ritter ist verzweifelt.

„Ich bin den ganzen weiten Weg gekommen. Ich kämpfe mit dir, denn nur dann heiratet mich die Prinzessin. Du musst mit mir kämpfen.“ – „Nein, muss ich nicht. Ich bin urlaubsreif. Ich verreise

– und zwar genau jetzt." Mit einem Rucksack auf dem Rücken kommt der Drache aus der Höhle.
Der Ritter zuckt mit den Schultern. „Weißt du, ich will die Prinzessin eigentlich gar nicht heiraten. Vielleicht können wir ja zusammen verreisen?"

– „Gerne", sagt der Drache.

„Steig auf meinen Rücken, wir fliegen." (Rogler, 2009)

Wow. Erst wollten sie miteinander kämpfen und dann fliegen sie miteinander in den Urlaub, vielleicht sogar in ein neues Leben. Und wenn sie nicht gestorben sind… Der Fantasie sind keine Grenzen gesetzt.

Miteinander Reden hilft also sogar Rittern und Drachen. Beide sind mutig und sprechen miteinander. Sie stehen zu sich und dazu, wie es ihnen gerade eigentlich geht.

Und plötzlich verändert sich die Situation für beide – und zwar grundlegend und zum Positiven.

Die Geschichte ist meiner Meinung nach ein gutes Beispiel dafür, was es bewirken kann, den Mut aufzubringen und darüber zu sprechen.
Klar, eine Geschichte für Kinder. Was hat die denn mit dem wahren Leben zu tun?! Weder Ritter noch Drachen trifft man heutzutage oft...

Bei genauerer Betrachtung entdeckt man jedoch einige Elemente, die in vielen Situationen im realen Leben eine Rolle spielen.

Als ich die Geschichte das erste Mal vorgelesen habe und im Anschluss neben meiner Tochter lag, die am Einschlafen war, hat mich die Geschichte an das Harvard-Konzept erinnert.

Die Idee des Harvard-Prinzips ist es, in einer Konfliktsituation ein für beide Seiten zufriedenstellendes Ergebnis zu erzielen. Eine große Rolle spielen dabei natürlich die

Interessen beider Seiten und der größtmögliche Nutzen für beide, der aus dieser Situation gezogen werden kann. Dabei soll für beide Parteien die Qualität der persönlichen Beziehung erhalten bleiben. Aus Erfahrung hat die Methode sogar oft das Potenzial die Beziehung deutlich zu verbessern.
Roger Fisher, ein Rechtswissenschaftler der Harvard University, entwickelte aus dieser Idee gemeinsam mit William Ury 1981 den Klassiker schlechthin, wenn es um Verhandlungssituationen geht, das Harvard-Konzept. (Fischer & Ury, 2013)

Eine ganz entscheidende Bedingung ist dabei, die Menschen und deren Interessen getrennt voneinander zu behandeln. Die hinter den Verhandlungspositionen liegenden Interessen spielen die wichtigere Rolle als die Position.

Warum will der Ritter kämpfen und warum will der Drache partout nicht?

Auf Basis der Interessen werden gemeinsam Optionen für Entscheidungen im Rahmen der Verhandlung entwickelt und diese mit möglichst objektiven Aspekten wie Gesetzen,

ethischen Normen beurteilt und hieraus wiederum Regeln abgeleitet.
Diese Regeln schaffen die Grundlage dafür, dass die guten Beziehungen beider Verhandlungsparteien erhalten bleiben oder sogar verbessert werden können.

Die Verhandlung sollte für beide Seiten das ergeben, was deren jeweiligen Interessen entspricht, was sie brauchen. Dies kann natürlich durchaus das Gleiche sein, wobei in diesem Fall mittels einer fairen Methode die Teilung beschlossen werden sollte.

Es stellt sich also die Frage, wie eine faire Methode gefunden werden kann, wenn doch beide das Gleiche wollen?

Faire Methoden sind manchmal einfacher, als wir denken:
Wahrscheinlich haben viele von uns als Kind vor einem Spiel auf dem Bolzplatz oder im Sportunterricht schon einmal Tip-Top gespielt, um bei der Entscheidung zu helfen, wer den ersten Mitspieler in der Mannschaft wählen darf. Dabei gehen zwei Personen jeweils nacheinander eine Fußlänge aufeinander zu, indem sie einen Fuß vor den

anderen setzen. Derjenige, der den letzten Fuß vollständig setzen kann, bevor Personen aufeinander treffen wählt den ersten Mitspieler.
Oder die schnellere Variante:
Eine von zwei Personen teilt die übrigen in zwei Mannschaften ein, die andere darf die Mannschaft wählen.

Im besten Fall kommt für alle ein tolles Ergebnis raus, die Mannschaften können miteinander spielen.

Im einfachsten Fall, stellen die Parteien zwar fest, sie kommen aus unterschiedlichen Gründen in die Verhandlungssituationen, verfolgen jedoch die gleichen Interessen.

Der Ritter soll kämpfen, um zu heiraten, möchte aber eigentlich gar nicht heiraten. Der Drache soll kämpfen, weil man das eben von Drachen erwartet, will jedoch lieber verreisen...

Ein Aspekt des Harvard-Prinzips: Wenn beide das Gleiche wollen, teilen sie es fair oder noch besser: Sie können gemeinsam davon profitieren.

In der Praxis, unabhängig der Situation, überlegt man sich dabei jeweils noch einen Plan B, den man wählen kann, wenn kein befriedigendes Verhandlungsergebnis erzielt werden kann, eine „beste Alternative" (BATNA – Best Alternative To Negotiated Agreement).

Etwas einfacher ausgedrückt, finden Verhandlungsparteien, durch die Anwendung geeigneter Methodik, eine Möglichkeit, eine Vertrauensbasis zum Miteinander-reden zu schaffen. Dadurch können Interessen ausgetauscht werden und in der Regel ein für beide Seiten zufriedenstellendes Ergebnis ausgehandelt werden.

Die beste Alternative kann auch dann sinnvoll sein, wenn selbst mit viel Mühe kein zufriedenstellendes Ergebnis erzielt werden kann. Klar ist es manchmal ganz einfach Realität, dass wir um die Interessen anderer erfüllen zu können, zu viele Kompromisse für uns selbst eingehen müssten.

Der Ritter kämpft also nicht, um die Prinzessin zu heiraten, sondern fliegt mit dem Drachen auf und davon.

...und jetzt sitze ich hier und denke: Spannend.

Interpretiere ich zu viel in die kleine Geschichte vom Ritter und dem Drachen hinein, weil ich auch Manager bin?
Oder beruhen ganz einfach ganz viele vermeintlich komplexe Problemstellungen auf ganz einfachen Lösungsansätzen, die sogar Kinder in einer kleinen Geschichte verstehen?

Ich glaube an Letzteres… Ich glaube daran, das Vater & Manager zu sein viel ähnlicher ist, als wir oft glauben. Manager sollten gute Leader sein, Väter auch.

Kennt ihr den amerikanischen Kinderbuchautor Theodor Seuss Geisel, auch genannt Dr. Seuss?
Nein? ...fasst jeder Vater oder jede Mutter in Deutschland kennt „Grinch“, „Der Lorax“ oder „Horton hört ein Huh“.
...diese Titel hat Dr. Seuss erfunden.

Dr. Seuss hat einen Ausspruch geprägt, der zu einem meiner Lieblings-Mantras geworden ist und der in meinem Büro an der Wand hängt:

„Manchmal sind die Fragen kompliziert und die Antworten simpel."

Dr. Seuss

Genauso ist es. Ob als Vater oder als Manager, genauso ist es.

Gute Nacht, Kinder.

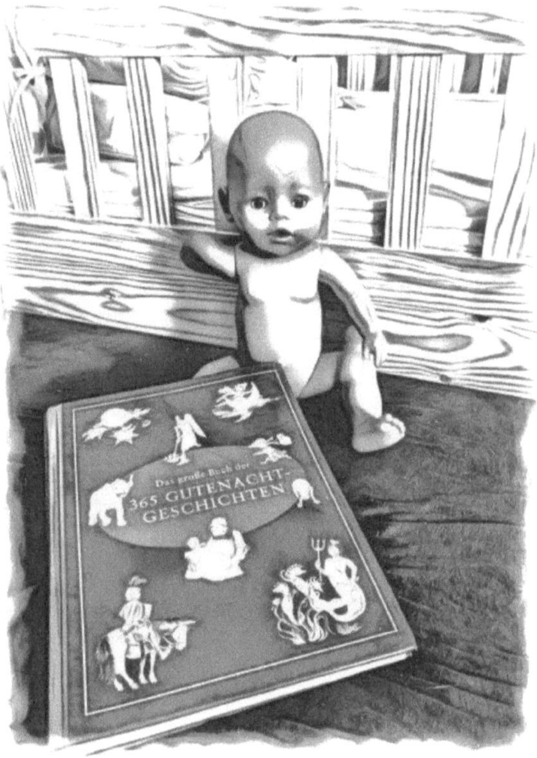
Das große Buch der
365 GUTENACHT-
GESCHICHTEN

EEK#16 – Dr. Seuss
– Erlebnis-Erfahrung-Konsequenz #15

22. März 2021

Erlebnis #16

Manche Fragestellungen in vielen Situation des Miteinanders scheinen schier unlösbar zu sein.

Erfahrung #16

Manchmal sind die Fragen kompliziert und die Antworten simpel.

Konsequenz #16

Problemstellungen auseinander nehmen, miteinander reden und Interessen beleuchten. Persönliches zuerst.

Authentizität – wie sehr anders willst du sein

22. März 2021

Wie ihr vielleicht festgestellt habt, sind die Kapitel länger geworden. Dies liegt vor allem an der Tatsache, dass ich mir eingestanden habe, dass es mir nicht möglich war wie eingangs gefragt, ein Buch zu schreiben während ich meine Tochter beziehungsweise in der Zwischenzeit meine Kinder ins Bett bringe.

Realistisch zu sein hilft sicher auch manchmal dabei Lösungsansätze für komplizierte Fragen zu finden. Die Antwort auf meine Frage zu Beginn dieses Buches lautet ganz einfach: Nein, kann er nicht.

Ich konnte mir jedoch hin und wieder die ein oder andere Stunde am Morgen, am Abend oder während der Mittagspause Zeit geben, sodass ich einige Gedanken zu Papier bringen konnte.

Zwischenzeitlich gehe ich meinen Mitmenschen hier zuhause, insbesondere meiner Frau, tierisch auf den Zeiger, weil ich nahezu jede freie Minute nutze, die Idee dieses Buch fertig zu schreiben, in die Realität umzusetzen. Realistisch betrachtet, dauert es jedoch noch ein paar Wochen – und mir viel zu lange...

In realistisch steckt auch das Wort real. Als real bezeichnet man im Allgemeinen etwas, dass keine Illusion ist. Englisch ausgesprochen „real" zu sein, bedeutet nicht nur in der HipHop-Szene echt, authentisch oder wahrhaftig zu sein.

Und sind wir mal ehrlich:
Wie viel ist heutzutage einfach alles andere als real, eine pure Illusion. Sowohl in der Politik, im Berufsleben, als auch im privaten Umfeld begegnen wir des Öfteren Scheinwelten, gemachten Wahrheiten, künstlichen Wirklichkeiten, die ganz anders scheinen, als sie tatsächlich sind. Menschen, die sich gerne in derartigen Wirklichkeiten aufhalten, sind in der Regel nicht „real" – sie sind also nicht authentisch.

Menschen, die wir als nicht authentisch wahrnehmen, spielen oft eine Rolle, um eine gewollte Wahrnehmung zu erzeugen. In meiner Jugend in der Skater-Clique haben wir solche Menschen nicht als „not real" oder „fake" bezeichnet, sondern als „Poser" (meint das Gleiche klingt heutzutage nur nicht mehr so cool.):

Der Duden beschreibt einen Poser als

> *„jemand, der durch seine Art, sich zu geben, ein bestimmtes (der eigenen Persönlichkeit nicht entsprechendes) Bild von sich selbst zu vermitteln sucht, um andere zu beeindrucken" (Duden, 2021)*

Schon in unserer Jugend wollten wir keinesfalls als Poser gelten. Poser waren Loser! Und als Synonyme zum Wort Loser findet man im Duden Versager, Verlierer, Depp, Flasche oder Krücke!

Nachdem Menschen ja nicht nur im privaten Umfeld miteinander interagieren, findet man selbstverständlich auch im beruflichen Umfeld Poser.

Manchmal versuchen Arbeitskollegen, Vorgesetze, Mitarbeiter, Geschäftspartner, Manager usw. ein Bild von sich zu vermitteln, um wen auch immer dadurch zu beeindrucken.
...und meiner Erfahrung nach, aus 20 Jahren Beruf, sind vor allem diejenigen, die besonders „beeindruckend tun", in real gar nicht so „real" – denn sie sind oftmals nicht authentisch.

Finden sich zu viele derart eingestellte Menschen in einer Gruppe, einem Team, einer Organisation oder einem ganzen Unternehmen zusammen, kann es passieren, dass die ganze Gruppe oder das ganze Unternehmen als nicht mehr authentisch wahrgenommen wird.

Da helfen im schlimmsten Fall auch keine Social Media Kampagnen zum Aufhübschen der Brand mehr. Unternehmen sind eben nicht nur so mutig, sondern auch nur so authentisch, so „real" wie ihre Mitarbeiter.

Neulich hat in einem Gespräch jemand zu mir gesagt:

*„Du musst dir eben
überlegen wie sehr anders
du sein willst, um nicht
Gefahr zu laufen nicht mehr
zur Organisation zu passen.“*

Im ersten Moment habe ich mich zugegebenermaßen ein wenig über diese Aussage geärgert.
Als ich jedoch immer mal wieder darüber nachgedacht habe, musste ich anfangen darüber zu schmunzeln.

Warum?

Mir fällt ein, dass ich zu Beginn des Buches eigentlich schon einmal beschrieben habe warum:

*„Ich bin Vater von vier
Kindern, zwei mitgebracht
zwei mitgemacht, ich bin
Ehemann, ich bin Herrchen,
ich bin AuPair-Dad, ich bin
Kollege, ich bin*

*Führungskraft, ich bin
Manager*

– ich bin Mensch.

*Ich bin gerne ich und ich
mag meistens, was ich bin,
mag meistens, was ich tue
und ich mag meistens, was
ich lebe und erlebe."*

Wenn ich mich im Spiegel anschaue, muss ich feststellen, dass ich älter geworden bin. Körperlich und auch im übertragenen Sinne – und das ist gut so.
Älterwerden bringt Erlebnisse, Erfahrungen und Konsequenzen mit sich – es verändert uns.
Und es ist schon krass, wie viel schneller diese Veränderung in der Welt und damit auch in uns jedes Jahr zu werden scheint.
Aber ich mag, was ich im übertragenen Sinne im Spiegel sehe.

Ich mag mich.

Ich bin froh, dass ich den meisten – nein eigentlich in allen – meiner

Lebenssituationen, keine Rolle mehr spielen muss. Im Gegenteil:

„Ich spiele für mein Umfeld eine Rolle, weil ich keine Rolle spiele."

Zu sein wie man ist, also authentisch zu sein, kostet das Gehirn und damit den Körper wesentlich weniger Energie, als permanent eine Rolle spielen zu müssen. Die gesparte Energie steht also für andere Dinge zur Verfügung.

Ich erzähle Mitarbeitern und Führungskräften in Coaching-Gesprächen hin und wieder, dass es genau aus diesem Grund Ziel sein sollte, möglichst nah an diesen Punkt zu kommen.

...im beruflichen Umfeld einen Platz und einen (Führungs-)Stil zu finden oder zu schaffen, an und in dem man keine Rolle mehr spielen muss, sondern so sein kann wie man ist,

- authentisch.

Gelingt dies einem selbst und darf man sich dann auch noch mit geilen Themen und vielen Menschen beschäftigen, denen das auch so

geht, entsteht von ganz alleine eine unglaublich starke Dynamik, ein Sinn und Zweck. Hieraus entsteht Leidenschaft und aus Leidenschaft entstehen in der Regel großartige Ergebnisse.
Wir Menschen wachsen dabei und manchmal wachsen wir sogar über uns hinaus.

Und außerdem macht es Teams oder Gruppen natürlich auch ganz nebenbei bemerkt viel mehr Spaß.

Als Mensch und Manager das Umfeld für solche Teams, das Umfeld für das Wachstum und die Entwicklung derjenigen zu schaffen, für die man die Verantwortung trägt, und im besten Fall deren Weiterentwicklung begleiten zu dürfen, ist die Droge vieler guter Führungskräfte.

Wenn früher die Anerkennung für Kohle, Dienstwagen und Statussymbole, die Droge war, so sind es heute die Anerkennung und die Dankbarkeit der Menschen, die man begleiten durfte und darf. Ob beruflich oder freundschaftlich privat macht hierbei keinen Unterschied.

Ich bin also gerne „anders", ich bin gerne „real", ich bin gerne authentisch, ich bin gerne ich.

Ich denke, jeder sollte so sein dürfen, wie er gerne sein will und das sollten wir auch jederzeit und permanent weiterentwickeln.

Es besteht auch keine Gefahr dabei zu schnell zu sein, „anders“ zu sein, weil wir uns sicher sein können, dass unsere VUCA-Welt sich zwar noch nie so schnell wie in den letzten Jahren weiterentwickelt hat, aber sich in Zukunft auch nie wieder so langsam weiterentwickeln wird.

Authentisch sein und bleiben zu dürfen, sich dabei dennoch so schnell wie nur möglich weiterentwickeln zu können, ist ein perfektes Umfeld für großartige Ergebnisse.

EEK#17 – Spiegel
– Erlebnis-Erfahrung-Konsequenz #17

22. März 2021

Erlebnis #17
Wie sehr anders willst Du sein?

Erfahrung #17
Authentisch sein und bleiben zu dürfen und sich dennoch weiterentwickeln zu können, ist ein perfektes Umfeld für großartige Erlebnisse und Ergebnisse.

Konsequenz #17
In den Spiegel schauen und sich fragen, was man sieht – fühlt es sich gut an ist alles in Ordnung, fühlt es sich längere Zeit nicht gut an, warum fragen und ändern was geht.

Wertekanon – was willst du eigentlich im Spiegel sehen

22. März 2021

Was jeder gerne im Spiegel sehen will ist selbstverständlich genauso hochgradig individuell, wie die Frage was andere in uns sehen wollen oder können.

Ich spreche hier natürlich nicht von unserem physischen Bild, sondern von dem was wir in uns und von unserer Persönlichkeit im übertragenen Sinne sehen.

Ein kleines Büchlein wie dieses hier kann keine Antwort für denjenigen geben, der es liest, sondern derjenige, der es schreibt, kann lediglich sich selbst die Antwort liefern, genauso wie derjenige, der es liest auch nur für sich selbst die Antworten finden kann.

Angefangen in den prägenden Jahren unserer Kindheit und Jugend entwickeln die meisten Menschen einen Wertekanon für sich selbst, der immer wieder als Maßstab bei dem Blick in den Spiegel des eigenen Lebens dient.

Über die Jahre entwickelt jeder seine eigenen Wertvorstellungen, die er für erstrebenswert oder moralisch gut hält. Es sind unsere Eigenschaften und Qualitäten, die wir unserem Handeln zugrunde legen. Es sind die Ideen, Ideale und Ideologien, die unseren Charakter ausmachen, sich teilweise natürlich in unserem materiellen Umfeld spiegeln, am Ende aber durch die Summe unserer Entscheidungen den Spiegel unseres Lebens ausmachen.

Oftmals stellen wir aus Spaß uns und anderen die Frage:

Willst Du auf der hellen oder auf der dunklen Seite der Macht stehen?

Ein nettes Sinnbild, das wir aus Filmen unserer Jugend oder aus den omnipräsenten was-auch-immer-Lizenzprodukten der StarWars-Filme unserer Kinder kennen.

Gut gegen Böse, schwarz gegen weiß, hell gegen dunkel, Baden gegen Schwaben, Kölsch oder Alt, VfB oder Hoffenheim, frei-statt Bayern...

Oder ist das Leben halt doch „mal so mal so“? Mal treffen wir kluge und weise Entscheidungen und mal liegen wir aus vielerlei Gründen meilenweit daneben...

Jeder von uns hat Glaubenssätze und Vorstellungen für sein Leben, innerhalb derer wir uns bewegen. Einige davon sind vielleicht tatsächlich von einem religiösen Glauben beeinflusst oder von Philosophie geprägt, andere vielleicht 1:1 angenommen. Einige sind vielleicht durch unsere Erziehung und unserem Umfeld erwachsen, in dem wir aufgewachsen sind, wiederum andere haben sich im Laufe der Zeit auch wieder deutlich verändert oder ins Gegenteil verkehrt.

Einige Menschen sind Werte- und Sinnsucher und ewig auf der Reise, andere verharren im ewig gestrigen Gedankengut...

Ich habe den für mich gut passenden Wertekanon eines Tages gefunden. Ein Mensch, den ich sehr bewundere, hat ihn in einem ähnlich kleinen, jedoch deutlich großartigeren Buch, aus verschiedensten Religionen und Philosophien aus mehreren Jahrhunderten, zusammengetragen. Dieses kleine Buch hat mich seither begleitet und mein Denken und Handeln ähnlich stark geprägt wie die Geschichte vom Glas des Lebens mit den Steinen.

Es stammt von dem weltbekannten Autor Paulo Coelho und heißt „Handbuch des Kriegers des Lichts".

Es erzählt von elementaren Erfahrungen, von Grenzgängern und Suchenden. In gleichnishaften Geschichten und Maximen aus drei Jahrtausenden zeigt Paulo Coelho den Umgang mit sich selbst, mit Konflikten und schwierigen Lebenssituationen. (Coelho, 2001)

Es beinhaltet viele kleine Weisheiten und Anweisungen für die ganz normalen und alltäglichen Dinge, viele kleine Gedanken und Impulse, die jedoch auf großen Werten und Eigenschaften beruhen:

„Ein Krieger des Lichts
glaubt.
Weil er an Wunder glaubt,
geschehen auch Wunder.
Weil er sich sicher ist, daß

seine Gedanken sein Leben
verändern können,
verändert sich sein Leben.
Weil er sich sicher ist, daß er
der Liebe begegnen wird,
begegnet ihm diese Liebe
auch.
Manchmal wird er
enttäuscht, manchmal
verletzt.
Aber der Krieger weiß, daß
es sich lohnt. Für jede
Niederlage gibt es zwei
Siege. Alle die glauben,
wissen das." (Coelho, 2001)

Jeder von uns trifft jeden Tag eine Menge an ganz kleinen Entscheidungen und manchmal auch wegweisende, das Leben verändernde oder zumindest beeinflussende Entscheidungen.

Alle, wirklich alle, egal ob noch so klein oder fundamental, fußen jedoch auf dem Wertekanon, den wir bewusst und oft auch unbewusst in uns tragen.

Jeder von uns bestreitet mit diesen Werten sozusagen seinen Kampf des Lebens:

„Es ist wichtig, für seine Träume ein paar Kämpfe durchzustehen – nicht als Opfer, sondern als Abenteurer." (Coelho, 2001)

Paulo Coelho
Handbuch
des Kriegers
des Lichts
Diogenes

Gut beraten sind wir dabei, wenn wir bei aller Wert- und Moralapostelei nicht vergessen, dass unser Leben das Abenteuer unseres Lebens ist. Wir bekommen im Laufe der Zeit viele gute Ratschläge erteilt, was wir mit unserem Leben anstellen sollen. Einen der besten Ratschläge, den ich bisher gehört habe, hat George Clooney zitiert:

„Mein Vater gab mir den
besten Rat meines Lebens.
Er sagte: ‚Was Du auch tust,
auf keinen Fall darfst Du mit
65 aufwachen und darüber
nachdenken, was Du
versäumt hast."

Ich finde das ist vor allem auch deshalb ein echt guter Rat, weil er unabhängig der zugrunde liegenden Werte gilt.

Um mich herum tobt gerade der Corona-wir-befinden-uns-in-Quarantäne-weil-eine-Erzieherin-positiv-getestet-wurde-Wahnsinn.

...weiteres Schreiben impossible.

Bis später.

EEK#18 – Abenteuer Leben
– Erlebnis-Erfahrung-Konsequenz #18

22. März 2021

Erlebnis #18
Was siehst Du, wenn Du in den Spiegel schaust?

Erfahrung #18
Was wir im Spiegel unseres Lebens sehen, ist das Ergebnis vieler kleiner und großer Entscheidungen im Abenteuer unseres Lebens.

Konsequenz #18
Ein Abenteurer des Lebens sein und darum kämpfen, möglichst zu 100% dem zu entsprechen, was wir sein wollen.

Werte teilen – wer an die Liebe glaubt

23. März 2021

Jedes große Abenteuer des Lebens beginnt im Kleinen bei uns selbst. Instinktiv suchen unsere Seelen dabei nach Gesellschaft. Die meisten Menschen sind nicht dafür gemacht, ihr Abenteuer Leben alleine zu bestehen. Wir suchen die Gesellschaft, wir benötigen Kontakt, brauchen Feedback, Bestätigung und Wertschätzung.
Unsere Seelen schreien nach Liebe, sie ist das Maß aller Dinge, das summum bonum.

Fast jeder von uns sucht in seinem Abenteuer Leben den einen GleichgeSINNten oder die eine Seelenverwandte.

Eine Seelenverwandte zu haben bedeutet, eine tiefe naturgegebene Verbundenheit und Wesensähnlichkeit für jemanden zu empfinden. Das äußert sich in der Regel in tiefer Liebe, Kommunikation oder auch Intimität, Sexualität und bei manchen Menschen Spiritualität.

Seine Seelenverwandte zu finden ist eines der großartigsten Erlebnisse, die es gibt. Es ist eine der besten Erfahrungen, die man machen kann und in der Regel hat dies im positivem Sinne krasse Konsequenzen für das eigene Leben.
Wer seinen Seelenverwandten gefunden hat stellt oft fest, dass der- oder diejenige die gleichen Wertvorstellungen teilt. Es passt zusammen, Topf und Deckel!

Oft versprechen sich Seelenverwandte auch diesem gemeinsamen Wertekanon auf ewig treu zu sein. Dann schöpfen wir nicht mehr nur alleine Kraft daraus, sondern zusammen.

Das geschieht in vielen engen Freundschaften und insbesondere auch bei Ehe- oder Liebesversprechen.

Meiner Seelenverwandten habe ich einen Teil meines Wertekanons zu unserer Hochzeit versprochen:

„Ich verspreche Dir
Hoffnung,

nicht nur weil ich überzeugt
bin, dass unsere Ehe gut

geht, sondern weil ich die
Gewissheit habe, dass es
Sinn hat, egal wie es
ausgeht.

Ich verspreche Dir
Treue,

weil ich mir selbst treu
bleiben kann, um Dir treu zu
sein.

Ich verspreche Dir
Solidarität,

weil Du meine
Traumgefährtin bist und ich
an Deiner Seite stehe.

Ich verspreche Dir
Humor,

weil er den Augenblick an
die richtige Stelle rückt.

Ich verspreche Dir
Gerechtigkeit,

weil auf dem Weg der
Gerechtigkeit das Leben ist.

Ich verspreche Dir
Glaube,

weil es etwas gibt, dass
größer ist als das, was wir
tun.

Ich verspreche Dir
Freiheit,

weil wir könnten, wenn wir
wollten, aber nicht müssen.

Ich verspreche Dir
Vertrauen,

weil ich Dir glaube, selbst
wenn ich weiß, dass ich an
Deiner Stelle lügen würde,

Ich verspreche Dir
Nähe,

selbst aus großer
Entfernung,

Ich verspreche Dir
Heimat,

weil sie der Anker ist in einer
sich immer schneller
verändernden Welt.

Ich verspreche Dir
meine Liebe, über alles und
hart wie Stein.

Ich verspreche Dir mich als
Deinen Mann, weil ich es
kann!“ (Peetz, 2016)

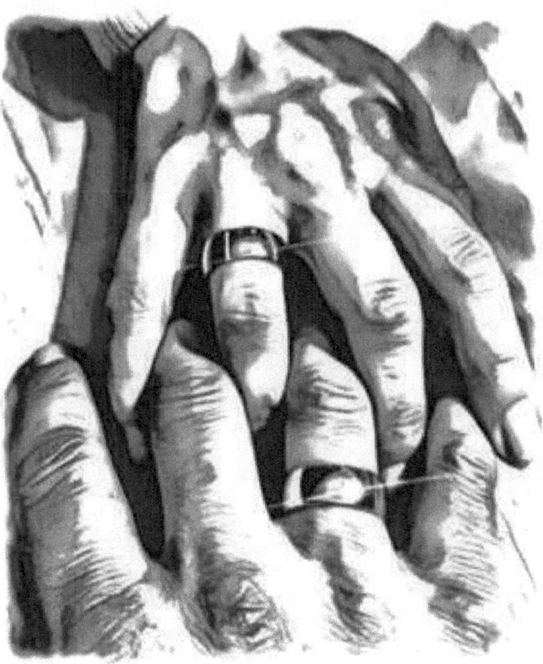

Aus dem miteinander reden, Werte miteinander teilen und gemeinsam daran arbeiten und glauben, entsteht eine unglaubliche Kraftquelle nicht nur für sich selbst. Insbesondere das Teilen und Leben der Wertvorstellungen in der Liebe zueinander und sich dadurch einerseits genügend Halt und andererseits aber auch die dadurch entstehende Sicherheit, den nötigen Freiraum geben zu können, setzt viel Energie frei, die alleine nicht entstehen könnte.

Gleichzeitig entsteht dabei aber auch paradoxerweise eine enorme Ruhe. Man kann ineinander ruhen. Es entsteht ein Ruhepol.
Dieser Ruhepol entsteht auch in größeren Gruppen, wenn Menschen die gleichen Wertvorstellungen teilen und sich mitteilen.

Meine Seelenverwandte, meine Frau, teilt Gott-sei-dank nahezu alle meine Wertvorstellungen. Wir sind uns eins, sie ist mein Ruhepol. Gleichzeitig ist sie auch meine Kali, Göttin des Zorns, mein Gegenpol.
Wie so vieles im Leben ist sie gleichzeitig unglaublich schwierig und doch so einfach.

Wir fühlen uns zugehörig, weil wir uns einander geöffnet haben, uns anvertraut haben, uns vertrauen. In der Regel tun wir Menschen das dann, wenn wir uns inmitten von vermeintlich GleichgeSINNten befinden. Dann fühlen wir uns auch nicht „anders", wir gehören dazu, wir befriedigen eines unserer Grundbedürfnisse als Menschen.

Dazu gehören, zusammen gehören, schützt uns vor allem Möglichen, das auf uns lauert. Es ist ein Instinkt, den wir in uns tragen.

Jede Gemeinschaft und jede Gesellschaft hat einen Kern an gemeinsamen Werten, an denen sich der Großteil orientiert.

...jedes Große beginnt im Kleinen bei uns selbst.

Und klar, an manchen Tagen bedeutet das selbstverständlich Arbeit. Wir sind aktuell in Quarantäne, weil die britische Mutation des Corona-Virus eine Erzieherin in Julian's Kita erwischt hat. Homeoffice, Kinderbetreuung, genervte Kids, die nicht verstehen, warum sie bei Sonnenschein den Anweisungen des Ordnungsamtes Folge leisten müssen und nicht mit den anderen Kindern zum Spielplatz dürfen.

Charlotte heult... Bis später.

EEK#19 - Inneres draußen
– Erlebnis-Erfahrung-Konsequenz #19

23. März 2021

Erlebnis #19

Weil er an die Liebe glaubt, findet er die Liebe.

Erfahrung #19

Sich zu öffnen und Wertvorstellungen miteinander zu teilen, und dabei festzustellen, dass es die gleichen sind, entfacht unglaubliche Kraft.

Konsequenz #19

Öfter mal das Innere nach draußen kehren. Sich öffnen ist nur selten ein Fehler.

Alles verfließt, wo ist mein Ruhepol – gib‘ auf Dich acht

24. März 2021

Eine Familie kann einen enormen Halt und Kraftquell darstellen. In manchen (Lebens-) Phasen kann eine Familie auch der Quell von Herausforderungen sein, die unter Umständen nicht so einfach zu meistern sind.

Dies zeigt sich aktuell vor allem auch in der vorherrschenden Pandemie.

Eigentlich hatte ich mir vorgenommen am Ende dieses kleinen Büchleins nochmal zurück zu der besonderen Situation zu kommen, die uns eine ganz andere Art von Familie seit über einem Jahr beschert: Die Familie der Corona-Viren mit all ihren abartigen Mutationen.

Als mir heute ein Bekannter eine WhatsApp als Reaktion auf den Entwurf des Buchcovers und auf die ersten Ideen und Textzeilen, die ich seit längerem auf seelebaumeln.com

veröffentlicht hatte geschickt hat, habe ich mich anders entschieden.
Die Disruption, über die insbesondere im Kontext der Wirtschaft und Digitalisierung viel geschrieben, diskutiert und philosophiert wird, hat nun auch in unser (Privat-)Leben Einzug gehalten. Wenn wir vor über einem Jahr noch mit genügend Wohlfühlabstand Artikel über disruptive Entwicklungen in verschiedenen Branchen im Manager Magazin lesen konnten, hat es viele von uns jetzt voll direkt erwischt. Das muss noch nicht einmal beruflich bedingt sein. Selbst nicht Existenz-bedrohende Situationen entwickeln sich aktuell oftmals zu gefühlt krassen Problemstellungen.

Mit freundlicher Genehmigung darf ich die WhatsApp-Zeilen hiermit teilen, die am Beispiel eines Einzelnen total treffend beschreiben, was Krisen, wie die aktuell noch vorherrschende Pandemie, mit uns, unserem Umfeld, und unter Umständen mit unseren Familien machen:

„Du sprichst mir aus dem Herzen! Zu Deiner Beschreibung des elterlichen Bettes habe ähnliche Gedanken: Ich habe letztens im Wohnzimmer auf der Couch gesessen und mir die Frage gestellt, ob das noch mein Rückzugsort ist nach einem stressigen Tag oder sich die Couch nun doch eher zum Arbeitsplatz für die ganze Familie entwickelt hat. In den Anfängen von Corona war das hin und wieder mal ein gemütlicher Arbeitsort mal für zwischen durch, aber jetzt ist das gesamte Wohnzimmer... nein das ganze Haus ist zum Büro / Klassenzimmer geworden. Homeschooling und Homeoffice zwingt uns zu drei verschiedene Arbeitsplatze, am Besten getrennt so, dass man selbst die anderen nicht stört. Und zwischen drin unser 17

Jähriges „Pubertier", der nach seinem erfolgreichen Schulabschluss nun ein Überbrückungsjahr zur seiner Ausbildung macht und bei einem Fahrradladen jobt und auch seinen „Freiraum" braucht. Ihn haben wir durch diese Situation schon aus dem Wohnzimmer verdrängt und er flüchtet sich in sein Zimmer: Computer und Spielesucht sind nun die Konsequenz und eine neue Aufgabe für mich.

Und jetzt treibt mich der Gedanke umher, wo mein Ruheplatz ist.

[...]

Du triffst mit deinen Kapiteln genau die unausgesprochenen Gedanken die jeder von uns in seinem Kopf trägt. . Positives wie: Dinge wieder neu entdecken bis hin zu Negativem wie: in der Familie alleine sein (Familie als der einzige soziale Kontakt, der durch Homeoffice oder homeshooling eine Überlastung erfährt und die gemeinsamen Stunden der Ruhe und Entspannung zu einer räumlich getrennter Zurückgezogenheit mutiert, gepaart mit dem Verlangen nach gemeinsamen Unternehmungen.

Ich bin grade überglücklich, dass meine Tochter [...] das Vertrauen zu mir hat mit mir über diese Themen und Sehnsüchte zu sprechen und wir gemeinsam durch Spaziergänge, Brett- oder Kartenspielen oder nur gemeinsames kochen mal aus dieser Falle raus zu kommen.

Hier ergibt sich nur die nächste Angst vor dem Tag, an dem ich nicht mehr Coronabedingt im Homeoffice bin sonder der „alte“ Alltag wieder kommt: in HN, weit weg vom Homeoffice, weg vom neu gewohnten Alltag, weg von der Freiheit, seinen Tag so zu gestalten dass man private Termine auch im Arbeitsalltag unterbringt (so wie ich gerade... sitze im Auto, hab [...] beim Kieferorthopäden abgeliefert, darf nicht mit rein wegen Corona und warte im Auto vor der Praxis), weg von den täglichen Spaziergängen mit meinem 81 jährigen Vater, der Corona genauso nervig findet wie ich aber der auf der anderen Seite gerade mehr als dankbar ist dass ich im Homeoffice bin und ich mir die Zeit für ihn nehmen kann (dank Corona).

Oh man.

[…]

" (Baumgärtner, 2021)

In diesen besonderen Zeiten werden wir alle vor mehr oder minder große Herausforderungen gestellt. Arbeit, Familie, Mitarbeiter, Kinder, Bedürfnisse anderer, eigene – alles verfließt sinnbildlich miteinander. Nicht immer ist das von Vorteil und nicht immer können wir auch gut damit umgehen, weil vieles Kopf steht und ganz anders ist, als es war.

Ruhepole werden Krisenherde, Entspannungszonen werden Orte nicht enden wollender Videokonferenzen, Orte der Zweisamkeit werden Workshopräume und manchmal merken wir, wie wir mit einem großen Fragezeichen in uns daneben stehen und uns fragen wo das alles hinführen soll.

Wie wir damit umgehen können ist ebenso nur individuell zu beantworten wie die bereits genannten Ansätze zur Stress- und Burnoutprävention.
...gerade deshalb lohnt sich vielleicht ein Blick darauf, welche Ansätze sich hieraus auch für diese besondere Zeit, sowohl im Privaten als auch im Beruflichen, als Unterstützungsansätze ableiten lassen.
Ähnlich wie bei einer Krankheit, können manche Symptome erst behandelt werden, wenn wir die zugrundeliegende Ursache annehmen.

Wir sollten auf uns acht geben.

Achtsamkeit (englisch mindfulness) ist ein Zustand von Geistesgegenwart, in dem du hellwach deine direkte Umwelt, deinen Körper und deine Seele wahrnimmst, ohne von Gedanken, Erinnerungen, Phantasien oder starken Emotionen abgelenkt zu sein, ohne groß darüber nachzudenken oder diese Wahrnehmungen zu bewerten.

Alleine sich dies zu vergegenwärtigen, ändert die Haltung zu der Situation, in der wir uns befinden, vollkommen.

Eine kleine Hilfestellung können dabei die folgenden drei Aufforderungen sein:

Nimm' Dich ernst.

Schenke Dir Aufmerksamkeit.

Höre Dir bewusst zu.

Mit diesen Sätzen im Hinterkopf lassen sich einige Ansätze finden, die unter Umständen Aspekte für den Umgang mit sich selbst und anderen in dieser besonderen Zeit wieder in Erinnerung rufen:

„Sprich darüber – von Mensch zu Mensch!"
Alleine das Darüber-Sprechen verändert schon die eigene Wahrnehmung und damit die gesamte Situation.

„Reflektion – was wirklich zählt!"
Was sind die großen „Steine" im gemeinsamen (Arbeits-)Leben. („Ein Glas voller Steine", Covey)

„Pausen & Rituale – im Job und privat!“
...im Büro, im Homeoffice – im Leben. Das kann nicht nur für Kommunikationskanäle gelten...

„Spielregeln – für alle!“
Nicht immer da sein, Nutzung Social Media, Nutzung Spielekonsolen, Handyzeiten – gegebenenfalls auch Nutzung Wohnzimmer als Arbeitszimmer verbieten...

„Sport, Spiel, Spazierengehen – schaff' Ausgleich!“
Können, Wollen und Dürfen können durch uns selbst am stärksten beeinflusst werden...
„Pflege privater Kontakte – Du bist nicht allein!“
Besonders in besonderen Zeiten sind Familie, Freunde und soziale Kontakte essentielle Kraftquelle – aber auch hier braucht es manchmal einen Ausgleich...

Und wir kommen wieder zurück zu der Frage:

Wozu?

...kann das alles gut sein.

Zu versuchen, die eigene Haltung zu überprüfen, kann schon die Wahrnehmung der gesamten Situation grundlegend verändern.

EEK#20 – Disruption privat
– Erlebnis-Erfahrung-Konsequenz #20

24. März 2021

Erlebnis #20
Disruption trifft auf heiles Privatleben.

Erfahrung #20
Die eigene vertraute Welt steht Kopf.

Konsequenz #20
Ähnlich wie bei einer Krankheit können manche Symptome erst behandelt werden, wenn wir die zugrundeliegende Ursache akzeptieren. Haltung ändern, Maßnahmen ergreifen und mit der Umsetzung beginnen.

Seelebaumeln – der Unterschied zwischen Geben und Nehmen

25. März 2021

Mir ist gerade eine kleiner Moment der Stille gegönnt. Die Hunde schlafen in zwei verschiedenen Ecken in Seelenruhe und alle anderen Familienmitglieder sind ein Stockwerk höher hinter geschlossenen Türen. Ich hänge dem Gedanken von gestern hinterher, wie Wahrnehmung die Situation verändert. Dabei fällt mir ein gutes Beispiel ein, was dies an einer Kleinigkeit verdeutlicht.

Zwei Sätze, die vermeintlich die gleiche Aussage treffen wollen, aber eine komplett unterschiedliche Haltung zeigen:

Ich nehme mir die Zeit in diesem ruhigen Moment.

Ich gebe mir die Zeit in diesem ruhigen Moment.

Zumindest ich empfinde einen Unterschied beim Lesen.

Ich „nehme mir" erzeugt unterschwellig einen Hauch von schlechtem Gewissen:
Wenn ich mir die Zeit jetzt nehme, haben die Kinder, die Frau, die Kollegen, die Mitarbeiter, wer auch immer weniger von mir?
Kann ich mir die Zeit jetzt überhaupt nehmen?
Müsste ich nicht vielleicht....?
Bräuchte nicht jemand anderes...?
Was denken die jetzt von mir...?

Zugebenermaßen stellen wir uns diese Fragen so übertrieben natürlich nicht in jedem dieser Momente, aber der ein oder andere fühlt vielleicht was ich meine.

Ich „gebe mir" hingegen erzeugt unterschwellig eine gänzlich andere Haltung:
Es ist wertschätzend uns selbst gegenüber.
Ich habe den Moment verdient, deswegen gebe ich mir die Zeit.
Ich gebe mir die Zeit, weil es mir etwas bringt.
Ich gebe mir die Zeit, weil es auch Entspannungsphasen braucht.

Meine Seele kann in diesem Moment kurz durchschnaufen, sie kann einen Moment baumeln.

Seelebaumeln heißt auf sich achtgeben, Momente der Ruhe genießen, den Moment empfinden und bei sich zu sein.

Bei sich zu sein bedeutet auch man selbst zu sein, für sich selbst. Seelebaumeln ist in sich ruhen oder im Moment verharren…

Seelebaumeln ist für mich oft auch, neben meiner Tochter oder meinem kleinsten Sohn zu liegen und mitzuerleben, wie sie einschlafen.

Seelebaumeln ist für mich oft, die Frage „Wisst ihr was?" in den Raum zu stellen, in dem sich alle meine vier Kinder befinden und als Antwort von den zwei Großen im Chor ein „Du hast uns lieb" zu bekommen.

Seelebaumeln sind die Runden über die Felder mit meiner Frau und den Hunden.

Seelebaumeln-Momente sind oft die kleinen, leisen Momente, die für uns etwas ganz Großes bedeuten.

Kleine Momente werden ganz oft auch ganz groß, nur weil wir sie mit den richtigen Menschen erleben.

„Manchmal werden die gewöhnlichsten Dinge außergewöhnlich, nur weil man sie mit den richtigen Leuten macht."
Elizabeth Green

Wir alle sollten hin und wieder seelebaumeln, um unserer Seele die Gelegenheit zu geben Erlebnisse zu verarbeiten, zu Erfahrungen werden zu lassen und in Konsequenz stärker dabei zu werden, also Kraft zu tanken. Natürlich tanken unsere Seelen auf unterschiedliche Art und Weise Kraft. Wir ziehen aus verschiedenen Dingen Energie – und das ist auch gut so.

Nicht nur, aber besonders in diesen besonderen Zeiten, sollten wir uns ganz bewusst Momente und kleine Auszeiten geben, in denen wir unsere Erlebnisse, ganz egal wie gut oder schlecht sie gewesen sein mögen, zu Erfahrung(en) werden lassen.

Unsere Erfahrung(en) prägen uns und lassen uns in Konsequenz zu dem Menschen werden, der wir sind.

Wer und wie wir als Mensch sind, hat gravierende Konsequenz(en) für unsere Kinder, Familien, Freunde, Mitarbeiter, Teams, Unternehmen, auf unsere Gesellschaft.

Achtsam mit unseren EEKs, mit unseren Erlebnissen, Erfahrung(en) und Konsequenz(en) umzugehen, ist sicher nicht die schlechteste Idee. Es ist gut achtsam mit uns selbst und auch achtsam mit unseren Mitmenschen umzugehen.

Zeit nehmen und Zeit geben kann das Gleiche WOLLEN und am Ende doch in der durch das Erlebnis gemachten Erfahrung in Konsequenz einen großen Unterschied MACHEN...

Gebt auf Euch acht und bleibt gesund, alles andere ist machbar.

Kontakt & Co

Wenn Euch dieses kleine Büchlein gefallen hat, oder auch nicht, oder wenn Ihr einfach Eure Gedanken dazu loswerden wollt, schreibt mir gerne eine Mail an stp@seelebaumeln.com oder hinterlasst eine Nachricht über das Kontaktformular auf der Website.

Über den Autor

Stefan Peetz, geboren 1978, ist IT-Manager, ausgebildeter Burnout-Berater, Führungskraft, Kollege, Mitarbeiter, Ehemann, Vater von vier Kindern, Herrchen zweier Hunde, AuPair-Dad – er ist vor allem Mensch.

Mit Augenzwinkern und einem Grinsen ist er Leader auf dem Ship oder die All-in-one-Frauen-Kinder-Mitarbeitende-C-Level-verstehende Hausfrau-Mann-Du-bist-mit-der-Windel-dran-Allzweck-Waffe, die auch Nachtschicht macht, weil Tochter den Unterschied zwischen 3 a.m. und p.m. nicht auf die Reihe kriegt.

Seit dem BWL-/Wirtschaftsinformatik-Studium arbeitet er als (IT-)Maschinen- und Menschenversteher in der IT und widmet sich in seiner Freizeit den Auswirkungen der VUCA-Welt auf uns Menschen. Er ist Autor und Betreiber der Website seelebaumeln.com.

Quellen- und Literaturverzeichnis

Baumgärtner, G. (24. März 2021). WhatsApp. Rheinbreitbach.

Coelho, P. (2001). *Handbuch des Kriegers des Lichts.* Zürich: Diogenes Verlag AG.

Depiereux, P. (2020). *Werdet WELTMUTFÜHRER: Mit Mut und neuem Mindset in die digitale Zukunft.* Berlin: epubli - ein Service der Neopubli GmbH.

DGPG - Deutsche Gesellschaft für Prävention & Gesundheitsförderung. (2021. März 2021). Von www.dg-pg.de: https://dg-pg.de/information/psychische-gesundheit/burnout/was-ist-burnout/ abgerufen

Dick, A. (2010). *Mut – Über sich hinauswachsen.* Bern: Hans Huber Verlag.

Duden, d. (22. März 2021). *Duden.* Von www.duden.de: https://www.duden.de/rechtschreibung/Poser#block_2 abgerufen

Fischer, R., & Ury, W. (2013). *Das Harvard Konzept. Der Klassiker der*

Verhandlungstechnik. Frankfurt/Main ; New York: Campus Verlag.

Förster, A., & Kreuz, P. (2017). *Zündstoff für Andersdenker.* Hamburg: Murmann Publishers.

Grayson Riegel, D. (02. Februar 2021). Don't Underestimate the Power of a Walk. *Harvard Business Review*.

Peetz, S. (16. Juni 2016). Hochzeitsversprechen. Vaihingen an der Enz, Baden-Württemberg, Deutschland.

Rogler, U. (2009). *Das große Buch der 365 Gutenacht-Geschichten.* Köln: Schwager & Steinlein Verlag GmbH.

Rosenberg. (30. 01 2021). *Wikipedia.* Von https://de.wikipedia.org/wiki/Gewaltfreie_Kommunikation: https://de.wikipedia.org/wiki/Gewaltfreie_Kommunikation abgerufen

Schneider, ,. R. (Mai 2006). Der grosse Bremser. *Spiegel*, S. 89.

Scholz, R. (März 2020). *LinkedIn.* Von https://www.linkedin.com/posts/stefan-peetz-29235564_vuca-ki-ml-activity-6626198324183613440-RqQw: https://www.linkedin.com/feed/upda

te/urn:li:activity:6626198324183613440?commentUrn=urn%3Ali%3Acomment%3A%28activity%3A6626198324183613440%2C6630460040341925888%29 abgerufen

von Nida, J. (2019). Seminar Leistungsfähigkeit aufrecht erhalten. www.reflect-beratung.de.

Wikipedia. (17. Januar 2021). *Wikipedia.* Von Die freie Enyklopädie: https://de.wikipedia.org/wiki/Gelassenheitsgebet abgerufen

Wikipedia. (12. 04 2021). *Wikipedia.* Von https://de.wikipedia.org/wiki/Murphys_Gesetz: https://de.wikipedia.org/wiki/Murphys_Gesetz abgerufen

Wulf, D. @. (19. Juli 2018). *Daniel Wulf @ 12min.me - „Machen" ist wie „wollen", nur krasser!* Von https://www.youtube.com: https://www.youtube.com/watch?v=0r2uGoGTA8c abgerufen